CONTENTS

Success 15 6

http://success.waseda-ac.net/

サクセス15
June 2021

表紙：慶應義塾志木高等学校

言葉を考える　言葉で考える
時代に合わせて変化する「辞書」

国語、英和、古語、漢和など、辞書には様々な種類が存在します。みなさんも、普段の学習で何種類か使っているのではないでしょうか。今回は、国語辞書だけで10種類以上も刊行している株式会社三省堂・辞書出版部のみなさんに、国語辞書の特徴や改訂作業の流れ、活用方法についてお話を伺いました。

写真提供：株式会社三省堂

辞書のいろは

まずそもそも辞書とはどんなものなのか、紙の辞書にはどんなメリットがあるのか、そしてどのように改訂作業が行われるのか、辞書全般にかかわる情報をみていきましょう。

突然ですが、みなさんはいま近くに国語辞書がありますか？ もしあるならば、「辞書」という言葉を引いてみてください。

> **じしょ【辞書】** ある観点に基づいて選ばれた単語（に準ずる言葉）を、一般の人が検索しやすい順序に並べて、その発音・表記・意義・用法などを書いた本。

これは、今回取材に伺った三省堂が出版する『新明解国語辞典』を実際に引いたときに出てくる「辞書」の語釈（語句の意味の解釈）です。みなさんの国語辞書には、どんな語釈が載っていましたか？ きっと、異なる語釈が載っていたのではないでしょうか。

このように国語辞書とひと口にいっても中身は様々で、「特色を出そうと、それぞれの辞書は工夫を重ねています」と辞書出版部の木村晃治さんが話す通り、1つひとつの言葉の意味をとことん追究しているもの、語釈は簡潔にまとめてその分多くの見出し語を載せたものなど、それぞれ特徴があります。

そして、そうした国語辞書はおもに4～10年に1度、改訂されています。辞書のなかには医学や歴史にまつわるものなど、専門性を持ったものもありますが、国語辞書は、人々が生活のなかで一般的に使っている言葉を扱います。そうした言葉は時代とともに移り変わるため、載せる言葉も見直す必要があるのです。

「ただし、改訂するといっても、新しい言葉を次から次へと入れていくわけではありません。国語辞書として、日本語の文化・伝統をきちんと伝えるという観点から残すべきものは残すなど、長年かけて内容を見直しつつ、改訂作業【下記参照】を進めています」と語る辞書出版部部長の山本康一さん。

膨大な量の言葉を扱うため、改訂作業には多くの人の力も要し、例えば校正作業だけでも約20名もの校正の専門

辞書ができるまで

【『新明解国語辞典』を例に、改訂作業の流れを紹介します。なお、ここから「辞書」は国語辞書を意味します。】

1 情報を集める

新しい辞書の改訂作業は、前の辞書が発売した翌日からスタートします。まず取りかかるのは、言葉を収集すること。新聞やテレビ、インターネットなどから、新しくできた言葉、新しい使われ方をし始めた言葉などの用例を集め、メモしていきます。

2 言葉を選定する

次に、前回からどこを変更するか、どんな言葉を載せるかを話しあうために、言語学や日本語学をはじめとする各分野の専門家の方々と編集部が、編集会議を開きます。1で集めた言葉に、前回の改訂時には載せられなかった言葉を含め、読者から寄せられた意見や他社の辞書なども参考にしながら選定していきます。

とくに新しく載せる言葉は選定が難しく、1のメモをもとに、全員で協議していきます。そのときポイントとなるのは「日常生活のなかで多くの人が使っているものかどうか」。それを判断するためには、普段から様々な情報に注目し、知識を増やしておくことが重要です。

3 リストを作成し原稿を依頼

2で選定した言葉をリスト化し、専門家の先生に語釈の原稿を依頼。届き次第編集部がチェックして、適宜修正を加えながら語釈を確定させていきます。ちなみに今回の改訂で追加されたのは、約1500語です。

家が携わります。みなさんが普段なにげなく使っている国語辞書は、たくさんの人の手によって作られているのです。

さて、現代では電子辞書の普及も進んでいますが、「紙」ならではのメリットについて、「電子辞書よりも紙の辞書の方が、触覚や視覚に多くかかわるからか、言葉の意味が記憶に残りやすいように感じます。目的の言葉の周囲の言葉も目に入るので、様々な言葉に触れられるのもいいところです」と話す元編集長の吉村三恵子さん。

辞書出版部の荻野真友子さんも「電子辞書が普及し始めたのはここ30年ほどだと思いますが、紙の辞書はもっと古くから改良が重ねられているので、読みやすさは抜群です。また、慣れれば電子辞書のように単語を1文字ずつ打ち込まなくても目的の言葉にたどり着けるので、早く引くことができます」と話します。

こうした様々な特色を持った国語辞書について、次のページではさらに深くお話を聞いていきます。

執行役員・辞書出版部 部長 **山本 康一** さん　辞書出版部 元編集長 **吉村 三恵子** さん　辞書出版部 **荻野 真友子** さん　辞書出版部 **木村 晃治** さん

4 ゲラを作る

原稿が集まったらゲラ（校正刷り）を作成します。ゲラとは校正（内容に間違いや誤字などがないかを確認する作業）を行うために作成される、紙面に近い印刷物をさします。現在はコンピューターで文章や図などを配置していますが、かつては文字が彫られた鉛の活字を手作業で印刷会社の方が木枠のなかに入れ、はんこのようにインクをつけて文字や図を刷っていました。

5 校正して印刷へ

校正は、『新明解国語辞典』の場合、1度全体を通して行うのに1カ月以上かかるそう。この作業を5回ほど行います。また、Aさんが校正したところを次はBさんが校正する、というように、多くの人の目でチェックをします。辞書は間違いがあってはならないと、念には念を入れて何度も確認をして校正を完了（校了）させたあと、ようやく印刷、製本、発売へと進みます。そして、校了翌日から再び1の作業へ戻っていくのです。

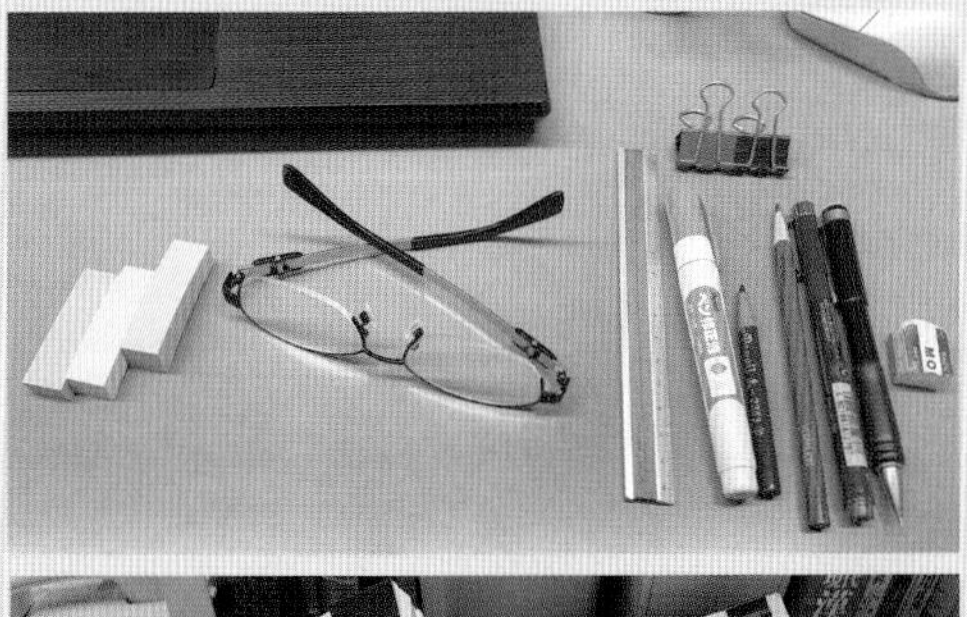

上：編集者が使う文房具や眼鏡。下：手を入れたいところがあればゲラに鉛筆や赤ペンを使って修正する内容を書き込んでいきます

三省堂・辞書出版部に聞く！

2つの辞書に込められた熱意と工夫

昨年11月に第八版が発売された『新明解国語辞典』。続いて今年1月に第十版が発売された『例解新国語辞典』の改訂に携わった4名のみなさんに、それぞれの特徴や込められた思いを語っていただきました。

言葉の本質をとらえる独自の語釈が人気のシリーズ

——『新明解国語辞典』の特徴を教えてください。

山本さん　本来、辞書とは意味や使い方を調べることで言葉と向きあい、考えを深めていくためのツールです。なかでも新明解国語辞典は「言葉の意味の中心」をしっかりととらえて説明することを基本姿勢としています。

例えば【傾く】を色々な辞書で引いてみると単に「斜めになる」などと説明しているものが多いんです。でも新明解国語辞典では「水平または垂直方向に伸びることの期待されるものが」と前提を示しています。このように、その言葉の本質を説明しようとしているところが、この辞書の大きな特徴といえると思います。

吉村さん　元々、この辞書に初版から携わっていた国語学者の山田忠雄先生（故人）が「言葉で言葉を説明する」というコンセプトを打ち立てたんです。似ている言葉の言い換えで済ませるのではなく、言葉の本質的な意味を言葉によってきちんと表したい、と。

荻野さん　初版の刊行から長い年月が経っていますが、そのコンセプトを脈々と受け継いで現在も改訂を重ねています。

——第八版を刊行されるにあたってとくに意識した点はありますか。

山本さん　9年ぶりに改訂を行うにあたって、「考える辞書」というキャッチコピーを定めました。そこには、言葉の意味を調べるだけでなく、辞書を通して言葉について考えを深めてほしいという意図が込められています。

また、第八版に限らず、その時代に新たに生まれた言葉やその意味、使い方も追加するようにしています。**【マイナンバー】【ＬＧＢＴ】【歩きスマホ】**などがその例です。**【地頭】**の②のように、既存の言葉に新たな語釈をつけ加えるパターンもあります。

吉村さん　今回の改訂では最終チェックをしているような時期に新型コロナウイルス感染症が流行したので、関連する用語をいくつか滑り込みで入れましたね。みなさんもニュースなどで様々な言葉を耳にしたと思いますが、新明解国語辞典では**【ロックダウン】【テレワーク】**など、その後も定着するであろう言葉を中心に掲載しています。

なにが変わった？　どう変わった？

かたむく【傾く】
水平また垂直方向に伸びることの期待されるものが、何かの事情で斜めになる。

マイナンバー〔和製英語←my＋number〕
住民票を持つすべての人に国が付ける、十二桁の「個人番号」の通称。

エルジービーティー【ＬＧＢＴ】
レズビアン・ゲイ・バイセクシュアル・トランスジェンダーの頭文字。性的マイノリティーの総称。

あるきスマホ【歩きスマホ】
歩きながらスマートフォンの画面を注視すること。

じあたま【地頭】
①かつらなどをかぶらない時の頭。②詰込みや暗記一辺倒の教育によって身につけられるものではない、広範な思考力・応用力・洞察力・発想力などの、その人自身に備わる知力。

※『新明解国語辞典 第八版』より一部抜粋

荻野さん　辞書はページ数が多いので、校了してから紙に印刷して製本、発売にいたるまで、数カ月かかるものもあります。私たちの作業の仕上げはちょうど1回目の緊急事態宣言中（2020年4～5月）に行われていましたから、どの言葉が今後も定着していくのか、判断が難しかったですね。

中学生にぴったり！教科書完全準拠の辞書

――今年1月には『例解新国語辞典』も改訂されましたが、こちらはどんな辞書なのでしょうか？

木村さん　この辞書が対象とするのは中学生、まさしく読者のみなさんで、教科書に完全準拠して作られているのが特徴です。三省堂は辞書のほかに国語や英語の教科書も作っていますが、他社や他教科の教科書に載る言葉も扱います。したがって、教科書の改訂が4年ごとに行われるのに合わせて、例解新国語辞典も改訂を繰り返しています。学習用の辞書ということで、知的好奇心を刺激する要素が含まれているのも特徴的です。

山本さん　方言に関する記述や、なかには語源を示している見出し語もありますよね。

荻野さん　対象者が高校生以上の辞書にはないような独自の要素があるので、作家さんのなかには例解新国語辞典を好んで使われる方もいるそうです。

――みなさんは学生のころから日本語そのものに興味を持っていたんですか？

吉村さん　そんなことはありませんでした。私は文学を専攻していましたし、フランス語や英語など、日本語とは違う言語を学んでいた人もいます。

荻野さん　辞書は様々な分野の言葉が一堂に会している本なので、むしろ1つの分野に特化せず、色々なものに関心を持てることが大切かもしれません。

――中学生におすすめの、辞書の活用法はありますか？

木村さん　教科書に出てくる言葉が載っている例解新国語辞典は、予習にぜひ使ってみてください。わからない言葉を授業前に調べておく習慣をつけると、語彙力が高まります。

また、辞書は言葉の意味や漢字表記のみを調べる道具ではありません。「表現」「参考」などの項目で周辺知識がたくさん掲載されているので、辞書を引けば引くほど、表現力も身につきますよ。

荻野さん　普段は知らない言葉を辞書で調べることが多いと思うのですが、知っている言葉も積極的に引くようにしてほしいです。なにかを読んだり、だれかが使っているのを聞いたりして気になった言葉を辞書で調べてみると、言葉に対する理解が深まって、自分の表現の幅を広げることにつながりますよ。

――辞書からどんなことを学んでほしいですか？

山本さん　言葉には様々な意味があって、しかも時代の流れに沿って変化していきます。そのフォローをするために改訂を重ねていくわけですから、なるべく最新の辞書を手元に置いて、こまめに調べて、知識を増やしていってほしいなと思います。

吉村さん　中学生のみなさんは受験や定期テストの勉強で辞書を使っていると思いますが、それ以外の場面でも言葉とのつきあいは続いていきますよね。辞書を通して、言葉とのかかわりを長く楽しんでもらえたら嬉しいです。

ロックダウン〔lockdown＝監禁・封鎖〕
重大な危機事態に際し、建物や地域、都市全体などを外部から遮断して封鎖すること。

テレワーク〔telework←tele《＝離れて》＋work《＝働く》〕
情報通信技術を活用して、職場とは異なる場所で勤務すること。テレコミュート。

三省堂・辞書出版部の様子

例解新国語辞典

がくぶちこうぞう【額縁構造】〈名〉〔文学〕物語の構成が、「現在↓過去↓現在」と進むとか、現実と現実の間に空想や夢の中の話がはさまるなど、複雑になっているもの。話の本筋《ほんすじ》を大きな外枠《そとわく》(＝額縁、フレーム)に見立てていう。「枠《わく》構造」「入れ子構造、入れ子型」ともいう。

さんにんしょう【三人称】〈名〉❶〔文法〕「彼」「彼女」「これ」「そこ」「あちら」など、話し手が、自分でも聞き手でもない人や一般《いっぱん》のものをさしていうことば。他称。対一人称。二人称。↓にんしょうだいめいし ❷〔文学〕物語や小説、詩で、語り手(話者《わしゃ》)が、登場人物の中にはいない何者かであるもの。まるで、登場人物たちの気持ちや行動のしかた、話のなりゆきをすべて知っている、神のような視点《してん》から語られるものが多い。対一人称。参考②の語り手は、その作品の作者ではないことになっている。

[1]**じこ【自己】**〈名〉自分自身。かたい言《い》いかたで、とくに哲学《てつがく》で使われる。例自己を見つめる。自己を語る。対他者。類おのれ。みずから。

表現「自己」ということばは、次のような意味ごとに、自分のことに関わるたくさんの熟語《じゅくご》をつくる。(1)それを「自分で」すること。例自己採点。自己決定。(2)「自分の」または「自分だけの」ものであること。例自己ベスト記録。自己流。自己満足。自己責任。自己負担《ふたん》。(3)「自分を」そうすること。例自己紹介《しょうかい》。自己主張。自己弁護《べんご》。自己管理。自己形成。自己実現。自己評価。自己批判《ひはん》。自己分析《ぶんせき》。自己嫌悪《けんお》。自己肯定《こうてい》感。自己承認《しょうにん》。自己愛。

ずいひつ【随筆】〈名〉体験したことや、考えたり感じたりしたことを自由に書いた文章。類随想。エッセー。身辺《しんぺん》雑記《ざっき》。参考文学史の上では、三大随筆とされる『枕草子《まくらのそうし》』『方丈記《ほうじょうき》』『徒然草《つれづれぐさ》』など、文学的価値の高い作品を、とくに「随筆文学」という。日記とともに、自照《じしょう》文学の一つ。

[3]**は・く【履く】【▼穿く】**〈動五〉❶[履く] くつなどを足につける。❷[穿く] 衣服などを下半身につける。例ズボンをはく。▽対ぬぐ。アハク

方言(1)北海道・青森や、香川・徳島では、「(手袋などを)着ける」の意味でも使う。(2)沖縄では、「Tシャツをはく」のように、「着る」の意味でも使う。新しい方言。

point1 教科書密着型ならではの特色

point2 言葉の使い分けもわかりやすく

point3 役立つ情報が満載

point4 言葉への興味を促すひと工夫

比べてわかる 辞書の魅力

『例解新国語辞典』(以下、例解)と『新明解国語辞』(以下、新明解) の魅力をさらに探るべく、2つの辞書を見比べてみましょう。「三人称」「随筆」「履く」と同じ言葉を引いてみても、語釈が異なることがわかりますが、それ以外にも様々なポイントがあるんです。

ポイント解説

●教科書完全準拠の辞書として

まずは『例解』の特色からみていきます。やはり最大の特色は「教科書密着型」であること (**point 1**)。【額縁構造】をはじめ、【主述】【ルーブリック】など、『例解』だからこそ載っている見出し語も多数あります。また【三人称】の項目では、中学での学習で重要となる文学作品における【三人称】の考え方が丁寧に解説されています。こうした解説も中学生向けの例解ならではのものです。

●「わかりやすく」言葉を伝える

point 2のように、同じ言葉をどう使い分けるのか、例を示しながらわかりやすく説明してくれるのも魅力です。《表現》欄にはほかにも、比喩の用法、ものの数え方などの情報が。さらに**point 3**の《参考》欄は、知っておくと学習に役立つようなプラスの情報が収録されています。例:【球】の項目では、言葉の意味に加えて、球の体積や表面積の求め方までも掲載。

●興味をひきつける様々な工夫

「せっかく辞書を引いても、そこになにか有用な情報がないと引きがいがありませんよね。おせっかいに感じる方もいるかもしれませんが、少しでもみなさんに『辞書を引いてよかった』と思ってもらえるような情報をどんどん載せるようにしています」と木村さんが話すように、**point 4**の《方言》欄以外にも、囲み記事 (**参考1**) を設けるなど、「言葉そのものに関心を持ってもらうための工夫」がいたるところに盛り込まれています。

新明解国語辞典

かい①【階】建物の、床の重なり（をかぞえる語）。「すべての―に防火扉を設置する／煙が上の―に流れる／二―から目薬〔＝⇨二階❶〕」 かぞえ方 三階《サンガイ（サンカイ）》・四階《ヨンカイ》・八階《ハッカイ》・十階《ジッカイ（ジュッカイ）》・何階《ナンガイ（ナンカイ）》 ⇩【造語成分】

けむ・い⓪②【煙い】（形）煙が顔にかかって、目をあけていたり息をしたりすることが苦痛に感じられる様子だ。口頭語では「けむたい」とも。 派 **―さ**⓪ **―が・る**③

けむた・い③⓪【煙たい】（形）❶「けむい」の口頭語的表現。❷相手に威圧感を覚えるなどして、安易に近づくことが出来ないと感じる様子だ。「―存在」〔❶❷とも「けぶたい・けむったい」とも〕 派 **―さ**③ **―げ**⓪③ **―が・る**④

ござい ま・す④【御座います】（自・特殊型）〔「御座《ゴザ》り ます」の変化〕「あります・です」の丁寧語。「ここに―／花が飾って―／ご苦労で―」 表記 「御座居ます」とも書くのは、「います」の部分を「居ます」と連想することに基づく。 運用 相手に対して尊敬語として「山田先生でいらっしゃいますか」と言うところを「山田先生でございますか」などと言うのは誤用。

さんにんしょう③【三人称】〔文法で〕表現の中に現われる語（句）が、話し手・聞き手以外の人や事物であることを示す言語形式。第三人称。他称。例、彼・彼女ら・あの人・あれ。

***ずい ひつ**⓪【随筆】平易な文体で、筆者の体験や見聞を題材に、感想をも交え記した文章。エッセー。「―風の短編小説／―家⓪」

***は・く**⓪（他五）〈なにヲ―〉 ㊀【履く】足を保護する物を足先につける。「△足袋（靴・靴下）を―」 ㊁【△穿く】主に下半身を保護する物を身につける。「△ズボン（パンツ）を―」 ㊂【△佩く】〔雅〕武器を腰につける。「太刀を―」 表記 ㊁は、「《着く」とも書く。

point7
誤用の指摘も

point6
充実のアクセント表示

point5
「かぞえ方」まで網羅

『例解』とは異なる語釈

囲み記事 31

「つかえる」の用法

「つかえる」というとき、⑴さまたげをするもの、⑵さまたげのおこる場所、⑶さまたげられている全体、の三つが問題になり、実際の表現ではその一つか二つが表わされることが多い。

⑴（ナニ）がつかえる――車がつかえる。食べものがつかえる。さかなの骨がつかえる。
⑵（ドコ）がつかえる――あとがつかえる。入り口がつかえる。先がつかえる。のどがつかえる。
⑶（ナニ＝全体）がつかえる――議事がつかえる。仕事がつかえる。道路がつかえる。
⑷（ナニ）が（ドコ）につかえる――食べものがのどにつかえる。
⑸（ナニ）が（ドコ）でつかえる――乗客が改札口でつかえる。
⑹（ナニ）で（ナニ）がつかえる――たくさんの車で道路がつかえる。

参考1

「のではないか」「ではないか」「だろう」の違いを解説

のでは（ァ）ないか〔格助詞「の」＋助動詞「だ」の連用形＋副助詞「は」＋形容詞「ない」＋終助詞「か」〕個人的な臆測として予想されることを述べる意を表わす。「もうそろそろ到着する頃な―／さすがにあいつも悪いと思っている―」
文法 ⑴「のではないか」も「ではないか」〔＝口頭語では「じゃないか」とも〕も（あるいは「ないか」なども）ともに「否定疑問文」と呼ばれるが、後者は事実を示して聞き手に注意を喚起したり 賞賛したり また叱責したり する場合に用いられる。例、「この絵は実によく描けているではないか／危ないじゃないか、注意しろ」 ⑵「だろう」〔＝丁寧な表現で「でしょう」〕も推量を表わすが、こちらは一般的な予想にも用いられる。例、〔天気予報で〕「明日は一日中雨が降るでしょう」 ⑶口頭語では「んじゃないか・んじゃない」。

参考2

●意味を調べる以外にも活用

続いて、前ページで紹介したように「考える辞書」として言葉の本質に向きあう語釈が特徴的な『新明解』の特色をご紹介。例えば、**point 5**の《かぞえ方》欄や、**point 6**のようにアクセントを数字で示すなど、「言葉の意味を知る」以外の使い方ができます。

●正しい日本語を表記

「日本語を的確に使ってほしい」との思いから、**point 7**の《運用》欄では言葉の誤用に関する情報や文脈による意味を掲載。文法的な観点から解説する《文法》欄（**参考2**）も、『新明解』ならではの特色といえます。

●細部にまで宿るこだわり

そして、よく見ると、『例解』と『新明解』では書体が異なるのもわかるでしょうか。それぞれが引きやすく、読みやすい辞書をめざして、細かなところまで追求しているのです。

●最後に

今回比較した2種だけでもこれだけの違いがあったように、例えば3200ページ・約25万1000の言葉が収録された『大辞林』のような辞書もあれば、小学生向けに全ページカラーで図版も豊富に掲載された『例解小学国語辞典』もあるように、世の中にはたくさんの種類の辞書があります。「いくつか見比べて自分に合った辞書を見つけてほしいです」「1冊といわず、複数の辞書を持つのもおすすめです」と4名のみなさんが口々に話すように、その数だけ魅力がある辞書。みなさんもこの特集を機に、言葉に、そして辞書に、より親しんでみてくださいね。

Special School Selection

埼玉県　志木市　男子校

慶《けい》應《おう》義《ぎ》塾《じゅく》志《し》木《き》高等学校

School data

所在地：埼玉県志木市本町4-14-1
アクセス：東武東上線「志木駅」徒歩７分
生徒数：男子のみ733名
ＴＥＬ：048-471-1361
ＵＲＬ：https://www.shiki.keio.ac.jp/

- １学期制
- 週６日制
- 月～金６時限、土４時限
- 50分授業
- 高１・高３は６クラス、高２は８クラス
- 高１・高３は１クラス約40名、高２は約30名

何事にも主体的に取り組み「自分を愛する心」を持つ人へ

２０２３年に、開設75年を迎える慶應義塾志木高等学校。「多様な『交際』ですすめる『数理と独立』の教育」を指針に、これまでの教育をさらに進化させています。独自の取り組みを数多く用意し、生徒の主体的な学びをあと押ししています。

髙橋《たかはし》 美樹《みき》 校長先生

開設75年に向けて設定された指針

慶應義塾の一貫教育校である慶應義塾志木高等学校（以下、慶應志木）。１９４８年に慶應義塾農業高等学校として開設された学校で、当時の自然がいまでも残る緑豊かなキャンパスに校舎をかまえています。現在の普通科となったのは、１９５７年のことです。

教育方針には、慶應義塾の創立者・福澤諭吉による「慶應義塾の目的」「独立自尊の精神」に基づき、①塾生としての誇りを持たせること、②基礎的な学問の習得、③個性と能力をのばす教育、④健康を積極的に増進させること、の４つを掲げています。

また、２０１８年度には開設75年に向けて「多様な『交際』ですすめる『数理と独立』の教育」も指針として設定されています。

「『交際』とは人と交流して知識や意見を交わし、自らの考えを深めていくことです。生徒同士、教員や地域の方、ほかの慶應義塾一貫教育校の教員や生徒、さらには異なる文化を持つ海外の方など、多様な人々と交流することによって『数理と独立』の教育を実現していきます。『数理』とは『実学』

をさし、自然科学や人文科学、社会科学など幅広い分野において、理論・仮説を構築し検証する力の育成をめざします。そして『独立』とは知的・精神的な独立心を育てることを意味します。これまでもこうした教育を実践してきましたが、それをさらに発展させたいと考えています」と髙橋美樹校長先生は話されます。

なお、この「数理と独立」の教育を行うために、高2は1クラス30名の少人数編成とし、高3では少人数で実施する選択科目を多く取り入れています。

大学受験にとらわれず 基礎的な学問の習得を

慶應志木では、ほぼ全員が推薦入学によって慶應義塾大学へと進学することができるため、大学受験にとらわれない教育が実践されています。日々の授業でとくに意識されているのは、教育方針の②基礎的な学問の習得です。

「基礎的な学問の習得と聞くと、基礎的な知識を身につけることをさすと感じられるかもしれませんが、そうではありません。物事を観察する力、科学的な考え方など『実学』につながる力を養うことを意味します。そのため、各授業で、テーマを設定し調査を進め、その結果をレポートにまとめる主体的な学びの機会が豊富に用意されています」と髙橋校長先生。

例えば国語では、文学作品を読んで解釈を発表しあい、理科ではキャンパスの自然を活用して、動植物の生態の観察、地形の測定を行うといった取り組みがあります。

授業で培われた主体的に学ぶ力は、個々にテーマを設定する自由研究でも存分に発揮されています。数学Ⅰで行われた自由研究では、これまでに児童文学を原作としたアニメ『アルプスの少女ハイジ』に出てくるブランコについて考察するユニークな試みをした生徒がいました。まずはハイジがブランコを漕ぐシーンを動画で確認、その後、実際に公園でブランコに乗

高1・研修旅行

高2
研修旅行

課題解決型学習の一環として行われる研修旅行。あるテーマに基づいて専門的なフィールドワークをしながら研究を進めます。

クラブ
活動

慶應志木では、８～９割の生徒がいずれかのクラブに所属しています。３年間を通じて、思いきりクラブ活動に取り組めるのも、一貫教育校の魅力でしょう。

って揺れ幅や速度を検証し計算。その結果は「高さ130m以上の木に全長16mのブランコが設置してあり、時速54㎞で動いている」というものだったそうです。

疑問を持った事柄について真剣に考え、検証し結論を導き出す。これが慶應志木生の姿なのです。

興味・関心のある分野について深く学べる

ほかにも、慶應志木ならではの取り組みが数多くあります（コロナ禍では実施方法などを変更）。

高1の「総合的な探究の時間」では、神奈川県・三浦半島を舞台に、自然や歴史などのテーマを設定し研究を進めます。その一環として、例年現地でフィールドワークをする「研修旅行」も実施されます。

なお「研修旅行」は高2でも行われ、長野県諏訪市や新潟県・糸魚川周辺を訪れます。湖や川の水質を調べ環境汚染について考えたり、地質を調べ日本列島形成の歴史を考察したりと、高1よりもさらに専門的な研究をします。

同じく「総合的な探究の時間」も高2で設置されています。しかし高1とは趣が異なり、様々な国・地域の言語、文化、歴史などについて学びます。「アイヌ文化に触れる」「サンスクリット語の世界」「ハンムラビ法典を読む」など多彩な講座のなかから2つを選び履修します。なかには、インドネシアの文化を理解するために、インドネシアの伝統料理を食べにいくといった教室を飛び出した学びを行う講座もあるそうです。

語学力を高める講座として、週に1回、全学年を対象とした「語学課外講座」もあります。イタリア語や中国語、アラビア語、古典ギリシャ語、ペルシャ語など、語学を専門とする大学にも劣らない様々な言語の講座が開かれます。

そして、慶應志木の学びのなかで最も特徴的なのが、高3の「自由選択科目」です。「情報処理：プレゼンテーションとプログラミング」「地学：日本の四季の天気―天

早慶戦応援

東京六大学野球リーグ戦における慶應義塾大学と早稲田大学の戦いを高1全員が応援にいきます。

見学旅行

高1、高2の研修旅行に引き続き、高3では見学旅行が実施されます。これまでは中国・四国方面を訪れていましたが、今年度は東北方面の予定です。

収穫祭

例年10月下旬もしくは11月上旬に実施される収穫祭（文化祭）。2020年度は初のオンライン開催となりました。

国際交流

国際交流プログラムとしては、本文で紹介したもの以外に、慶應義塾一貫教育校派遣留学制度も用意されています。

気予報のための読図と予想―」といったバラエティに富んだ授業があります。各教員の専門が活かされた授業のため、興味・関心のある分野について知識を深めたうえで、個々に研究を進めていくことができます。

　生徒の研究成果の一部をご紹介すると、「日本語特論：日本語とコミュニケーション」の講座においては「ものを人に〝伝える〟とは何か―ただ〝言う〟との差異を通して―」「音による錯誤〜誤用語からの考察〜」などがあり、それぞれの個性が表れたテーマで研究を行っているのがわかります。

コロナ禍においても　できることを考えて

　物事に自主的に取り組む慶應志木生の姿は、行事や国際交流においてもみられるものです。

　例えば、2020年度の収穫祭（文化祭）では、天文部がオンライン上に惑星の軌道を再現し、アクセスした人が自由に操作して様々な惑星の動きを見られるプログラムをアップ。これは部員が自主的に学んだプログラミングの知識を活かして作ったものです。「昨年度は、新型コロナウイルス感染症の影響により、収穫祭の中止も検討されましたが、生徒の熱い思いによって、オンライン開催となりました。教員の想像していた以上のものを作り上げてくれたと感じています」と髙橋校長先生。

国際交流としては、各国の生徒が集まり、あるテーマについて議論するハワイでのプログラムに参加しています。コロナ禍で現地を訪れることが難しかった昨年度は、生徒の発案で、インターネットを活用して各国の生徒と交流しました。そのほか、2020年度は実施が見送られましたが、オーストラリア、台湾、フィンランドの学校とのプログラムもあります。

そして進路指導においては、新型コロナウイルス感染症対策を万全にしたうえで2020年度も「志木演説会」を実施。これは、大学教授や映画監督など、様々な分野の方から話を聞くもので、生徒が将来を考えるきっかけになっています。例年は、高1から各学部の見学会や説明会が実施され、高3では模擬講義、模擬ゼミなどのプログラムが用意されています。

慶應義塾の一貫教育校として、「実学」につながる力を育てる慶應志木。生徒の主体的な学びをあと押しするとともに、その成果を残すための冊子『欅』も発行しています。そのことからも、生徒それぞれの個性を大切にする学校の思いが伝わってきます。

最後に髙橋校長先生は「自分はどんなことに興味があるのか、どのように社会に貢献していきたいのかを真剣に考えてみてください。それが本校の教育方針にもある『基礎的な学問の習得』への第一歩となります。そしてそれは『自分を愛する心』を持つことにもつながるでしょう。『自分を愛する心』というのは、詩人・吉野弘さんの言葉です。どうしたら自分を最大限に活かすことができるのかを考え、色々なことに挑戦し様々なことを吸収する。そうすることで『自分を愛する心』が育まれていきます。本校は、みなさんの『これがしたい』という思いに応えられる学校です」と話されました。

志木演説会

卒業生を含め、多様な分野の方から話を聞く「志木演説会」。写真は、2020年度のコロナ禍で行われた際の様子。

■2021年3月卒業生 慶應義塾大学進学状況

学部	進学者数
文学部	13
経済学部	80
法学部	74
商学部	19
医学部	7
理工学部	50
総合政策学部	4
環境情報学部	5
看護医療学部	0
薬学部	0
他大学受験など	3

写真提供：慶應義塾志木高等学校　※写真は過年度のものを含みます。

神奈川県立 川《かわ》和《わ》高等学校（共学校）

学力向上進学重点校として ますます発展する進学校

2021年4月から新たに学力向上進学重点校に指定された神奈川県立川和高等学校。いま、注目を浴びている公立高校です。

めざすのは「高い次元の文武両道」

校訓に「誠実・勤勉・質朴」を掲げ、1962年に設立された神奈川県立川和高等学校（以下、川和）。豊かな自然に囲まれた約3万8000㎡という広大な敷地のなかで、川和生たちは伝統的に、「高い次元の文武両道」をめざして学校生活を送ってきました。

この言葉について赤井英明校長先生は、「勉強と部活動、それぞれ50％ずつの力で両立を図ろうとするのではなく、勉強も部活動も、どちらも100％全力の力を出しきり、高校生活の3年間を思いきり駆け抜けていこう、という合言葉です。

これまでの卒業生たちは、1日1日を大切にしながら、現状に満足することなく、より高い目標に向けて1歩1歩着実に努力することで、自身の夢をかなえてきました。そうした伝統が現在まで受け継がれ、在校生も見事に体現してくれていることにたくましさを感じます」と話されます。

「高い次元の文武両道」は、コロナ禍でも実践されていたといい、体育祭も文化祭も球技大会も、例年より小規模にはなったものの、感染症予防を徹底したうえで実施したそうです。

「いまの状態でどんなことができるのか、実施を阻むものがあれば、それをどうすれば、できる可能性がみえてくるのかを、生徒自身で考えるよう促しました。教員のサポートも受けながら、難しい状況のなかでも諦めずに実施に向けて創意工夫を続けた生徒たちに拍手

所在地：神奈川県横浜市都筑区川和町2226-1
アクセス：横浜市営地下鉄グリーンライン「都筑ふれあいの丘駅」徒歩15分、東急田園都市線「市が尾駅」ほかバス
生徒数：男子420名、女子529名
TEL：045-941-2436
URL：https://www.pen-kanagawa.ed.jp/kawawa-h/

⇨2学期制
⇨週5日制
⇨月・火7時限、水・木・金6時限
⇨50分授業
⇨1学年8クラス
⇨1クラス約40名

を送りたいです。彼らにとってもこの経験は大きな糧になったと思います」（赤井校長先生）

多様な学びを通して リーダーを育てる

神奈川県は、2016年から始まった県立高校改革実施計画（Ⅰ期）の一環で、「将来の日本や国際社会でリーダーとして活躍できる高い資質・能力を持った人材を育成する学校」として、横浜翠嵐、湘南、柏陽、厚木を学力向上進学重点校に指定していました。2021年4月からは県立高校改革実施計画（Ⅱ期）において、この4校に新たに川和を加えることにしたのです。

赤井《あかい》 英明《ひであき》 校長先生

「学力向上進学重点校の指定を受けたことで、難関大学へ進学したいという意欲を持った生徒たちが希望の進路を実現できるよう、これまで以上に進路指導にも力を入れていきます。

しかし、それだけではなく、普段から生徒自らが課題を見つけ、その課題を解決していくなかで、物事の本質や核心に迫ることも重要だと考えています。そうした学びを通して、次世代のリーダーとして活躍できる資質や能力を持った人材を育成していきたいです」と赤井校長先生は語ります。

そのために川和の教員たちは、どんな場面で、どのような取り組みを行えば、より効果的に生徒の思考力や判断力、表現力を鍛えることができるのか、様々な工夫とチャレンジを重ねているのだといいます。

例えば、なにかの成果を発表する場合も、単に1人ひとりがプレゼンテーションをして終わるのではなく、そこに質疑応答の時間を設けることで、発表する側と聞く

1

2

3

4

［行事］ 体育の授業の成果披露の場ともなる①剣道大会（男子）や②ダンス発表会（女子）をはじめ、③ロードレース大会、④球技大会など、運動系の行事が豊富です。

[学校生活] ①授業に②部活動（室内楽部）に、行事（③芸術発表会④修学旅行⑤体育祭⑥文化祭）にと、川和生は様々なことに全力で取り組みます。

側、双方向でのやり取りを大切にしているそうです。

なお、川和のカリキュラムは、高1は全員共通履修で幅広い科目の基礎学力を伸ばし、高2では理科を1科目学ぶⅠ型か、2科目学ぶⅡ型のどちらかを選ぶことで、ゆるやかに文理に分かれます。そして高3になると、文型・理型に分かれてそれぞれの必修科目を学びつつ、多様な選択科目のなかから進路に沿って好きな科目を自由に履修します。

企業と連携した英語の授業を実施

２０１９年度からグローバル教育研究推進校に指定されている川和では、特色ある英語教育が展開されています。その1つ、高2で1年間の学びの集大成として実施した、企業とのコラボレーション授業を紹介します。

コラボレーションしたのは、豊富な栄養素を持つといわれている「ユーグレナ（ミドリムシ）」を扱う企業です。生徒は班に分かれて、それぞれユーグレナを用いた飲みものやお菓子を考え、最終的に企業の方の前で英語でプレゼンテーションを行いました。

商品を企画する際は、SDGs※を意識して、おもに開発途上国で貧困に苦しむ人々に向けたものを考えたそうです。現地の食文化や、現在抱える問題点なども調べたうえで、どんな商品なら喜んでもらえるか、どの班も知恵を絞っていたといいます。

「この取り組みは今年初めて行ったもので、先日、新聞にも取り上げられました。英語の学習を、『グローバル教育』として位置づけた、『未来型の英語学習』だと感じましたね。

『グローバル人材』として活躍するために必要な力は、時代とともに変化するでしょうから、本校でもグローバル教育研究推進校として行う取り組みのなかで色々と模索しています。

ただ1ついえるのは、新型コロ

※持続可能でよりよい世界をめざすために掲げられた国際目標

ナウイルス感染症対策をはじめ、多くの問題を抱える現代において、多様な人々が互いに連携、協力しながら、知恵を出しあうことが必要不可欠だということです。様々な学習を通じて、持続可能な社会の実現に向けて、課題解決ができる人材へと成長してほしいです」（赤井校長先生）

そのほかにも、高1での英語ディベートの実践、有志生徒による外部ディベート大会への参加、外務省や証券会社などで国際的に活躍する社会人の方を招いての講演会の開催をはじめ、様々な取り組みを行っています。

進路選択においても目標を高く持ってほしい

赤井校長先生が、「平坦ではない道を歩むことほど大変なことはありません。しかし、本校の生徒たちには、あえて、より高い山をめざし、山頂から、自分がいままで見ることがなかった景色を見てもらいたいと思っています。そして、さらなる高みをめざし続けてほしいです」と語るように、「高い次元の文武両道」をめざす川和生は、進路選択においても妥協することなく夢を追い求め、毎年多くの生徒が希望の進路をかなえています。

そんな生徒をあと押しするために、進路指導も手厚く行われています。校内模試は年4回実施し、その成績データを分析しながら、1人ひとりの生徒に合ったアドバイスをしていきます。

また、例年であれば「大学出張授業」「大学ガイダンス」などの進路行事が開催されています。

「大学出張授業」（高2対象）はその名の通り、東京工業大学、早稲田大学、東京理科大学といった大学の教授が講義をするために「出張」してくれるという、高校にいながら大学の講義を体験できるイベントです。

各難関大学の職員が川和を訪れ、自身の大学の特色、学部や学科に関する詳細な説明をしてくれるのが「大学ガイダンス」です。高3はこのガイダンスを進路選択に役立てつつ、自分がめざす道を選びとっていきます。

「新たに指定を受けた学力向上進学重点校としての取り組みと、これまで行ってきたグローバル教育研究推進校としての取り組みを両輪として機能させることで、相乗効果が得られるのではないかと期待しています。

そうすれば、みなさんが3年間で自身の可能性を開花させ、新たな時代を切り拓く人物として成長できる環境がより整うことでしょう」と赤井校長先生が語るように、川和の発展に、今後も期待が高まります。

［施設］①正門を進むと見えてくる広々とした②グラウンドも魅力の1つです。

※画像提供はすべて同校（過年度のものを含む）

■2021年3月卒業生　大学合格実績抜粋（　）内は既卒

国公立大学		私立大学	
大学名	合格者数	大学名	合格者数
北海道大	2（1）	早稲田大	92（11）
筑波大	3（0）	慶應義塾大	37（7）
東京大	4（2）	上智大	19（2）
東京医科歯科大	1（0）	東京理科大	59（18）
東京外語大	3（0）	青山学院大	76（16）
東京工業大	5（1）	中央大	64（11）
東京農工大	3（0）	法政大	79（15）
一橋大	3（2）	明治大	201（30）
横浜国立大	31（3）	立教大	101（6）
京都大	1（0）	学習院大	7（0）
大阪大	2（0）	芝浦工大	23（3）

ワクワクドキドキ
熱中部活動

日本《にほん》大学《だいがく》豊山《ぶざん》女子《じょし》高等学校

体操部・トランポリン

それぞれの目標に向けて 充実感のある活動を

日本大学豊山女子高等学校の体操部は「ダンス」と「トランポリン」の２つのグループに分かれて活動しています。今回はトランポリングループについてご紹介します。

今回紹介してくれたのは

高2 岡田《おかだ》 璃沙《りさ》さん

School information〈女子校〉
所在地：東京都板橋区中台3-15-1　アクセス：都営三田線「志村三丁目駅」・東武東上線「上板橋駅」徒歩15分
TEL：03-3934-2341　URL：https://www.buzan-joshi.hs.nihon-u.ac.jp/

初心者も経験者も適した環境で練習できる

専用の台の上で、宙返りやひねりを交えながら跳ぶのがトランポリン競技です。跳ぶ高さは、台から平均で6ｍ（女子）にもなるというから驚きです。とてもダイナミックな競技に感じられますが、つねに台の真ん中で演技をしなければならないなど、繊細な技術も要求されます。

日本大学豊山女子高等学校（以下、日大豊山女子）の体操部・トランポリングループの練習は週に3回、体育館で行われます。体育館は天井が高く広々としており、また、公式の試合で使用する台もそろっているので、練習に適した環境です。

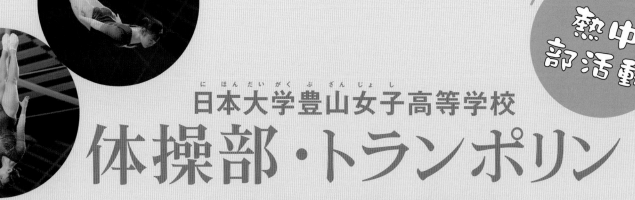

指導者の資格を持った顧問の教員に加え、トランポリン競技の選手として世界大会で活躍していたコーチもいるので、初心者、経験者、どちらであってもきちんと力を伸ばすことができます。

部活動でトランポリン競技ができる中学校、高校は少なく、部員のなかには、「トランポリン競技をやりたい」という思いを持って入学してきた生徒も少なくないそうです。今回お話を伺った岡田璃沙さんもその

1人で「私は、小学生のときに器械体操のクラブに入っていました。そこにトランポリン競技の台があったんです。跳んでみたら楽しかったので、部活動でぜひやりたいと思い、この学校を選びました」とのこと。

もちろん、なかには未経験から始める部員もおり、初心者でも入部は可能です。公式試合で使われる台は跳ね返りが強く、初心者には跳ぶのが難しいため、最初は跳ね返りが弱い初心者用の台を使って練習していきます。

難しいからこそ達成感を味わえる

「運動部」と聞くと、大会をめざして厳しい練習を重ね、部員同士でレギュラー争いをする、といったイメージを持つ方もいるでしょう。しかし、日大豊山女子の体操部・トランポリングループは少し異なります。モットーは「1人ひとりが自分なりの目標を持って、達成感のある活動を行う」こと。全国大会出場をめざす部員、後述するバッジテストに取り組む部員、文化祭での発表に力を入れる部員など、それぞれに目標を持って練習しています。

「私は、全国大会をめざしています。卒業生のなかには、実際に出場された方もいて、その演技がとてもきれいだったので、憧れているんです。トランポリン競技の大会は回数が少なく、私もこれまでに3回しか出たことがありません。初めて出た大会ではとても緊張してしまいました。そんななかでも、自分の演技ができるようにするためには、普段の積み重ねが大事だと感じました。跳躍や着地の際の姿勢など、基礎的なこともおろそかにせず、新しい技にも挑戦しています」（岡田さん）

大会では、決められた技を行う規定演技と、選手それぞれが異なる10の技で構成した演技を行う自由演技があります。評価されるのは、技の難度、跳躍の高さなどですが、着地点が台の中央からずれたり、姿勢が崩れたりすると減点の対象となるため、身体の隅々まで神経を行き渡らせる必要があります。

「トランポリン競技は楽しい反面、難しい面もあります。例えば宙返りをするためには、高く跳ばなければなりません。そして、高く跳ぶためにはしっかりと踏み込む必要がありますが、身体の一部分に力が入りすぎていたり、逆に力を入れていなかったりすると、思わぬ方向に跳んでしまうこともあるんです。

しかし、難しいからこそ、新しい技ができたときは達成感があります。難度の高い技に挑戦していくことが段々と楽しく感じられるようになるので、経験がない方も、ぜひ入

手の指先からつま先までしっかりと伸ばしてジャンプ！

1回転の前方宙返り。後方宙返りや回転にひねりを加える技もあるそうです

脚をしっかりと伸ばすだけでなく、手をつま先にタッチする開脚跳び

大会ではきらびやかな衣装を着て演技をします

台の周りにはつねに複数の部員がいてサポートしあいます

部してほしいです」と岡田さんは話します。

なお、大会では2人で行う「シンクロナイズド」部門も設けられています。「シンクロナイズド」部門には、2人で跳躍や着地のタイミングを合わせなければならないという独特の難しさがあります。台には、その同時性を判定するための機械が組み込まれているそうで、厳しく審査されていることがわかります。

バッジテストや文化祭 それぞれが輝く場

バッジテストとは、日本体操協会が行っているもので、5級から1級まで設けられています。脚を抱えて跳ぶ、よつん這いで着地するなど、基礎的な技をいかに美しい姿勢で行うことができるかを試すものです。バッジテストに取り組むことで基礎をしっかりと身につけ、将来は、トランポリン競技の指導者として地域貢献をしたいという思いを持っている部員もいます。

文化祭では、トランポリン競技の演技に加え、体育館のステージで手話を取り入れたダンスも披露。岡田さんは、「文化祭での演技は家族や友人も見にきてくれます。2020年度は中止となりましたが、中学生のときの文化祭では、宙返りなどを披露しました。『すごかったよ』と言ってもらえて嬉しかったです。手話やダンスといった普段の活動とは異なることに挑戦できるのも、文化祭の魅力の1つです。いまもダンスに取り入れた手話の一部は覚えていて使えます」と話します。

活動を通じて、トランポリン競技の技術を高めることはもちろん、ほかにも「挨拶や声かけを大切にしているので、礼儀や敬語の使い方も身につきます。宙返りを練習するときは着地のタイミングに合わせて、ほかの部員が台の上にマットを滑り込ませてくれるので、部員同士の信頼関係がないと練習できません。つねに部員同士でサポートしあうので、仲間とのきずなも育まれます」とその魅力を語る岡田さん。

ほかの学校ではなかなか取り組むことができない競技に挑戦でき、1人ひとりが輝く場所を見つけられる日大豊山女子の体操部・トランポリングループ。部員たちは、目標の場で存分に自分を表現できるよう、日々練習に励んでいます。

勉強 先輩からのアドバイス 受験

高2 岡田 璃沙さん

Q中学受験をして日大豊山女子に入ったそうですね。読者の中学生は、高校から入学することになります。岡田さんのクラスにも高入生はいますか。

私のクラスは高入生の人数が多いです。高入生の友人は「入学したころは不安に感じて、仲良くなれるか不安だったけど優しくて安心した」と言っていました。和気あいあいとした雰囲気なので、読者のみなさんも心配しないでください。

Q岡田さんの感じる日大豊山女子の魅力を教えてください。

部活動でトランポリン競技ができることです。ほかにも、ネイティブスピーカーの先生と自由に話せる「English Room」があるなど、日常的に英語力を伸ばせる機会があるのが魅力だと感じています。

Q英語が好きなんですか。

はい。将来は、英語を使う仕事に就きたいと思っているので、学校では、「English Room」を活用していますし、自宅では、インターネットで英語のスピーチ動画を見て、英語力を伸ばしています。

Q苦手な科目はなんですか。

化学と物理です。苦手だからこそ、問題集などを使って、毎日コツコツ勉強するようにしています。そうすると、定期試験前になって慌てることがありません（笑）。

Q練習を見ていると、トランポリン競技は、とても体力を消耗するように感じます。勉強と両立するのは大変だと思いますが、岡田さんはどのように両立していますか。

練習後はやはり疲れているのですが、毎日の積み重ねが大切だと思うので、授業の復習は、その日のうちに済ませるようにしています。

また、部活動がある日は、英語の単語を覚えるなど、あまり時間のかからない勉強をすることが多いです。

Q受験勉強を頑張る中学生に、おすすめのリフレッシュ方法はありますか。

自分の好きなことをするのが一番だと思いますが、私のおすすめは運動することです。机に向かってばかりいると、運動不足になってしまうので、少し身体を動かすとリフレッシュできると思います。

受験生のときではありませんが、コロナ禍で部活動が中止になったとき、私は縄跳びをして運動不足を解消していました。いい気分転換になりましたよ。

Q最後に読者にメッセージをお願いします。

学校見学や文化祭など、実際に志望校を訪れる機会があったら、ぜひ行ってみてください。実際の学校の雰囲気を感じることが、受験勉強のモチベーションアップにつながると思います。

頑張れ受験生

挑戦のときがきた

この春、巣立っていった卒業生は、猛威を振るう新型コロナウイルス感染症の影響でつらい受験生活を余儀なくされました。途中で出題範囲の変更があったり、絶えず感染予防に腐心し受験そのもの以外に気をつかう生活を強いられて、この1年を終えたのです。だからといってコロナ禍が収束したわけではありません。いま受験学年を迎えたみなさんにも、いつ厳しい試練が立ちはだかるかはわからないのです。しかし、そのことを心にとめながらも必要以上に恐れることなく、果敢に挑戦していくのがみなさんです。本誌も精一杯応援します。今回はその手始めとして、そんな受験生が歩むこれからの1年間を見通し、少しでも明るいビジョンを描けるよう受験までのスケジュールをテーマにお話しします。

この1年に「やるべきこと」とは

さあ 高校受験 中学3年生がやるべきこと

受験生が、望む高校に出願し受験するまでに、やらなければならないことは勉強だけではありません。また、保護者の方とも十分な話しあいを進める必要があります。

受験生の思いだけで志望校選択を進めると、ご両親が上限と考えている学費の面などを考慮することを忘れがちです。受験直前になっての意思表明では、家族の考えとのギャップに苦しむこともあります。

ただ、学費の面では、私立高校は各校が奨学金制度や特待生制度を持っていますし、国の高校授業料無償化制度が私立高校にも適用されるようになりました。このため、私立高校を選ぶ家庭が増えています。

志望校選びは まず学校を知ることから

受験への一歩は、まず「学校を知る」ことから始めましょう。志望するかもしれない学校を5～6校は探し出し、それぞれの学校を調べるところから始めます。通学できる範囲の学校か、男子校か、女子校か、共学校か、などで選り分け、その学校を調べます。

学校説明会

各校では、おもに6月ぐらいから、土曜日、日曜日を使い、受験生にその学校に来てもらう学校説明会を開きます。

集まった受験生、保護者に対して、校長先生や担当の先生が、学校の理念、入試システムなどを説明する会です。数回開かれますが、入試が近づくにつれ、翌春の入試について「出題傾向」「配点の考え方」「解答するうえでの注意点」など具体的な説明が行われることが多いので、その時期には2度目の訪問をする受験生、保護者も多くなっています。

いくつかの学校が集まって開催する「合同学校説明会」という催しもあります。これは一度に数多くの学校の説明を聞くことができる機会です。

ただ、昨年はコロナ禍にあって学校説明会の多くが対面を避けてオンラインに。合同学校説明会は軒並み中止となりました。今年も予断を許しませんので、各校からの情報をこまめにチェックしましょう。

自らの学力を知ることも大切 しかし学力はまだまだ伸びるもの

模擬試験

受験生は、夏休み以降の各月に行われる

合格までのビジョンを描こう

志望校を「知る」ことが受験への第一歩じゃ!

通学範囲や学費などもふまえて家族と相談をしよう!

模擬試験を受けておかなければ志望校の選択はできません。そこで示される偏差値から、志望校の合格可能性が導き出されるからです。

とくに学力試験のみの一般入試を行う私立の難関校には、模擬試験でもたらされる偏差値が学力のバロメーターとなります。

首都圏では、公立高校も「学力検査重視」に変わってきていますので、学校選びを進めるとき、模擬試験の結果は重要なものさしになります。

注意すべきことは、毎回同じ模擬試験機関が行う試験を受けるようにすることです。

そうしないと、偏差値の伸びなどのデータに信頼をおくことができなくなります。

学校の先生と志望高校を相談 それまでに希望をしっかりと

三者面談

ほとんどの中学校では、担任の先生との個人面談が1学期、2学期に各1回行われます。自分が志望する学校のことを話し、先生の意見も聞いておきましょう。

そして2学期のなかば（11月）になると、担任の先生、受験生本人、そして保護者が話しあう三者面談が行われます。

このとき担任の先生はすでに2学期末に出る予想成績を持っていますので、それを元にした面談となります。とくに私立高校受験では、その内申点が志望する私立高校のレベルに達しているかどうかを、担任の先生は、ほぼ予測できるわけです。

受験生側は「私立と公立、どちらが第1希望か」「男子校・女子校が希望か、共学校が希望か」ぐらいは、基本的事項として決めておかなければなりません。

そして、3校ぐらいは志望校をあげておきましょう。とくに第1志望校は、明確に伝えましょう。

私立高校志望の場合は、この面談で受ける学校がほぼ決定されることにもなります。

都県ごとに違う入試制度 詳しく知ることが第一歩

推薦入試と一般入試

東京・神奈川の私立高校入試には、「推薦入試」と「一般入試」があります。

千葉では、公立入試で「前期選抜」「後期選抜」の区別がなくなりました。これに合わせて、私立高校も入試日程が早まっています。

私立高校の推薦入試は、「その学校しか受けません。受かったらその学校に行きます」と約束する「単願（専願）推薦」と「公立高校が受かったらその公立に行きますが、公立不合格の場合はその学校に必ず行きます」と約束する「併願推薦」があります。

推薦入試とは、調査書の評価を重視し、そのほかに面接、小論文、推薦書などで合否を決める入試のことです。単願（専願）、併願ともに推薦の基準として、出願に必要とされる中学校での成績が定められています。

埼玉は前期・後期の区別がなく「単願（第1志望）入試」と「併願入試（公私立併願可能）」があり、どちらも学力試験が行われますので、実質的には推薦入試ではありません。

このような推薦入試に対して一般入試は筆記試験があり、学力が頼りの入試です。

公立高校では神奈川、千葉、埼玉は、学力重視の一般入試1回のみとなっています。

そんななかで、東京都立高校には「筆記試験がなく内申点と面接で合否が決まる＝推薦入試」があります。

頑張れ受験生
挑戦のときがきた

2022年度首都圏高校入試日程

公立高校

埼玉公立入試日程

- 募集期間 2022年2月10日（木）※10日は郵送による提出　14日（月）、15日（火）
- 志願先変更期間 2月17日（木）、18日（金）
- 学力検査日 2月24日（木）
- 実技検査・面接 2月25日（金）※一部の学校
- 合格発表 3月4日（金）
- 追検査 3月7日（月）
- 追検査合格発表 3月9日（水）

千葉公立入試日程

- 募集期間 2022年2月9日（水）、10日（木）　14日（月）
- 志願先変更期間 2月17日（木）、18日（金）
- 学力検査日 2月24日（木）、25日（金）
- 追検査 3月3日（木）
- 合格発表 3月7日（月）

神奈川公立　4月下旬発表 ※本誌締切までには未発表

- 例年なら 2月14日ごろ学力検査

東京都立　5月下旬発表

- 例年なら
- 推薦入試：1月26日・27日ごろ
- 一般入試一次募集：2月21日ごろ

私立高校

埼玉

1月22日以降

千葉

1月17日以降

神奈川

推薦入試：1月22日以降
一般入試：2月10日以降

東京

推薦入試：1月22日以降
一般入試：2月10日以降

埼玉県では受験生が私立高校と直接相談する

私立高校の入試相談

三者面談で、受験校の最終確認が行われ、東京、神奈川、千葉では12月なかばから、中学校の先生が志望する各私立高校に出向いての「入試相談」が行われます。中学校の先生は、その私立高校を希望する生徒全員の成績一覧表を持っていて、1人ひとりの合格の可能性を相談します。「その生徒、出願していいですよ」と、高校側が認めれば、推薦入試での合格可能性はかなり高いことになります。

埼玉県の私立高校での「入試相談」は、他都県とは少し違って「個別相談」と呼び、入試前の10月～12月、私立高校各校で行われます。合否の見通しが私立高校側から受験生・保護者に直接伝えられます。この「個別相談」が、他都県で行われる私立の推薦入試のための、中学校の先生と高校側との「入試相談」にあたるものです。

埼玉県で「出願していいですよ」といわれるのは、中学校の先生ではなく、個別相談に赴いた受験生本人、または保護者になるというわけです。

「出願していいですよ」と言われれば、前述の「単願入試」や「併願入試」での合格可能性がかなり高いことになります。

次ページでは、来春高校入試の出題傾向予測や、これからの受験に向かうみなさんの心がまえについてお話しします。

来年度高校入試はどうなる？

君が進むべき この1年とは

森上教育研究所
高校進路研究会

前のページまで、コロナ禍にあって先が見えない状況で入試を迎える受験生に、これからどのようなことが起きるのか、おもに日程の面からお話を進めてきました。ここからは、大学入試の変化に伴い、今後の高校入試の出題傾向にどんな変化があるのか、また受験生は、これからの1年間をどのような心がまえで過ごせばいいのかについて、森上教育研究所の高校進路研究会に原稿をお願いしました。

めだった内申点の高まり 次年度入試も強まる傾向か

新型コロナウイルス感染症対策の影響を大きく受けた2021年度高校入試。休校が長引いたことによる授業の遅れから出題範囲が限定され、また部活動などの大会も中

来年度高校入試はどうなる?
君が進むべきこの1年とは

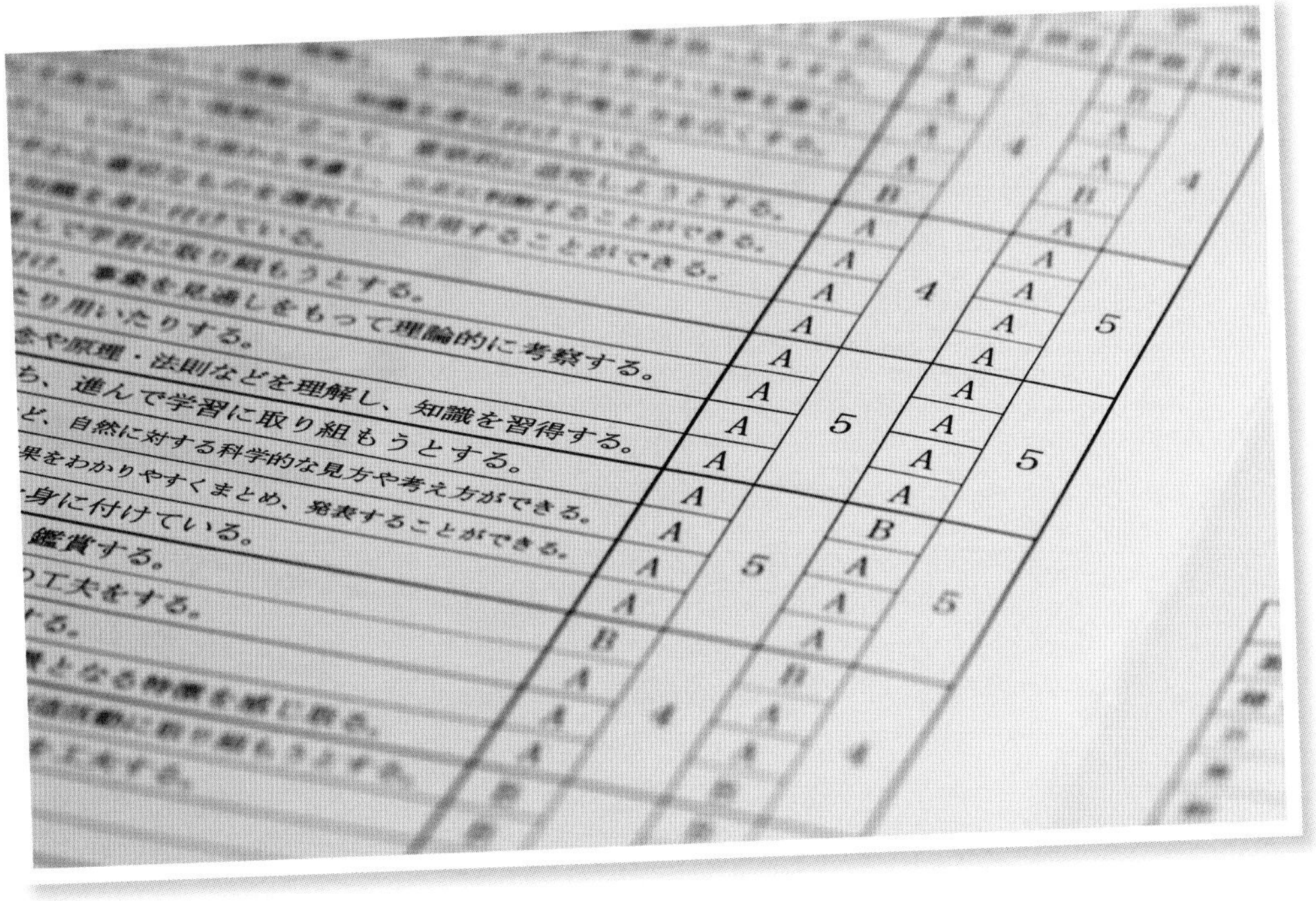

止されました。

高校入試で重要な調査書点（内申点）はどのようにつけるのだろうと、関係者の間でも関心の的となっていました。

ふたを開けてみると、例えば東京都立高校入試では、集団討論がなくなった影響もあって、推薦入試の倍率が大幅に上昇し、また多くの私立高校で安全志向の単願推薦（受かればその学校に進むのみ）に受験生が集まりました。

入試結果が出たあと当研究所にも、いくつもの私立高校から、今年は内申点の高い生徒が集まったとの声が多く聞こえました。

いままでだれも経験したことのない事態に対し、中学校で全体的に高めに成績がつけられた結果だとも考えられます。この記事執筆時点では新型コロナウイルス感染症収束の見通しは立っていませんが、内申点については、おそらく今年も同様の傾向になるのではないかと予想されます。

となれば、日ごろの学校の授業を大切にすることはもちろんですが、余裕があれば内申点の加点※対象となる英検や数検などの各種検定にもチャレンジしておくといいでしょう。

大学入学共通テストに「情報」思考力・判断力・表現力がカギ

来春の2022年度より高校の学習指導要領が改訂されます。この新学習指導要領では「情報Ⅰ」が必修化されます。これにより現在の中3生が受ける大学入学共通テスト（以下、共通テスト）から「外国語」「国語」などと並ぶ出題教科として「情報」が設けられます。

この「情報」では、文系・理系にかかわらず幅広い受験者を想定し、プログラミングや情報セキュリティーを含むネットワークやデータベースの基礎を通して、思考力や判

※私立高校により加点対象となるものは異なります。なお、加点制度がない学校もあります。また、公立高校でも特別推薦などで優遇される学校があります。

断力、問題解決能力を測る問題が出題される予定です。もちろん、これらの力を試すのは、初めてとなった今冬の共通テストでも各科目ともにみられた傾向でした。

　これらの大学入試の変化を受けて、すでに高校入試でも、神奈川公立高校の特色検査をはじめとして思考力などが問われる学校も多くなってきていますが、この傾向はより強まると考えられます。

　作問者によって考え方に違いはあるものの、「思考力・判断力・表現力」で求められている力はおおむね次のような力です。

　思考力ではおもに、記述を読んで意味を理解する力、結びつきを見出す力、直接的に示されていないことを発見する力、事項・事柄の集まりに対し推論を当てはめる力などがみられます。

　判断力では、複数の事項のなかから、与えられた基準について正しいものや重要なものを選び出す力を。

　表現力では、文章構成がしっかりしているか、図や絵、表などで重要事項が読みやすく表されているか、事実と意見が明確に区分されているかなどが測られます。

　これらの力は、漫然と問題を解くだけでは身につきにくいものですが、普段の勉強にひと工夫を加えることで伸ばすことができます。例えば国語や英語では、「考えた過程」を書き留めておくことが有効です。

　じつは、「なぜそう解答したのか」という問いに対して、思考過程を含めて説明できる人はあまり多くはいないのです。

　そうなってしまうのは、頭のなかで考えていたことを、他人に説明できるレベルまで整理できていないからです。

　解答後、「本文中のここを根拠に考えたが、意味を取り違えたから誤答だった」というような〝過程〟に注意をおいた「振り返り」のトレーニングを行うクセをつけましょう。

来年度高校入試はどうなる？
君が進むべきこの1年とは

入試までの道のりは4段階
時期に応じた過ごし方を

入試までのこの1年間は、大きく4つの段階に分けられます。

①8月までは基礎固め
②9～10月は応用力の養成
③11～12月は実践力を磨く
④1月以降は総仕上げ

このなかでもいま、つまり8月までの基礎固めの時期は非常に大切で、とくに数学と英語は、最初の基礎の部分を疎かにしてしまうと取り返しがつかないことになります。

また中3生にとって夏休みは短いものです。夏休みの約40日間、その使い方次第で秋以降の成績の伸びが決まってきます。コンスタントに、そして効率的に効果の高い時間が過ごせるよう、無理のない計画を立てましょう。

なお、前述した思考力などを鍛えるトレーニングについては、そのログ（記録）をつけることが大切です。このような「合格への習慣」は、夏休みまでに身につけておきましょう。夏休みが明け、秋に入ると、テストや授業でも応用的な内容が増えてくる時期になります。初めは歯が立たない問題も多いかもしれませんが、過去問を参考に入試傾向を確認しながら、解ける問題と解けない問題を選り分けていきます。

解けない問題の原因は、まだ基礎が身についていないことが多いので、その分野の復習をしっかりと繰り返しましょう。

1月以降の直前期は、不得意分野に偏った学習を行いがちですが、入試科目はまんべんなく学習することが得策です。

この時期は、授業と自分の勉強を両立させることが大切になります。授業を受けるなかで自分になにが必要なのか、自分になにができるのかが明確になっていくからです。

森上教育研究所

1988年、森上展安氏によって設立。受験と教育に関する調査、コンサルティング分野を開拓。私学向けの月刊誌のほか、森上を著者に教育関連図書を数多く刊行。高校進路研究会は、幅広い高校進学ニーズを抱える中学生、保護者に向け、おもにWebを通じて様々な角度から情報を提供。

受験生のための
明日へのトビラ

このページは高校のこと、その教育のこと、高校入試のこと、中学校での学びを含めて、みなさんが直面する身近な問題や情報をお伝えしていくページです。保護者のみなさんも必読です。今月のニュースでは、埼玉公立の来年度の入試日程が変更されたことが注目を集めています。公表された日程が変更されることは滅多にありませんが、他都県に影響を与えるかもしれません。

NEWS

東京　都立高校が「ネット出願」を導入へ 全校実施に向け来年度は20校が対応

東京都教育委員会は、都立高校の入試手続きの際、インターネットを活用した「ネット出願」を導入する方針を固めた。デジタル化推進の一環とされ、2021年度は試行的に立川高1校で実施したが、来年度は20校に。順次、対応校を増やしていく方針だ。

都立高入試ではこれまで、出願者が試験を受ける学校に願書を持参し、提出するのを基本としていた。一般入試の出願受け付けは2日間で、初日の朝には大勢の受験生が集まる学校もあった。

このため、この2月の受け付けでは、一部を除き、新型コロナウイルス感染症対策で各校への持参を原則禁止し、中学校からの郵送でのみの受け付けに変更していた。ネット出願は、このようなコロナ禍の下で出願時の「密」を防ぐ効果も期待される。

今年度試行的に導入した立川高では受検生はネット上で願書に入力し、印刷して中学校に持参する一方、中学校は願書を取りまとめ、調査書などとともに高校へ提出する方式だった。一定の利用が確認されたため、2022年度は対応校を20校に増やす。

将来的には全校で、調査書などを含め、必要書類をネットを通じて提出できる仕組みを整えたい考えだ。

埼玉　2022年度埼玉公立高校入試 コロナ禍対応で日程の変更を発表

埼玉県教育委員会は4月16日、すでに公表していた2022年度入試の日程を変更する、と発表した。

新型コロナウイルス感染症の陽性者となった場合でも受検生の受検機会を確保することを目的とした変更としている。

2022年度の埼玉県公立高校入試の出願は2022年2月10日（郵送による提出)、14日・15日は学校で受け付け。志願先変更期間は17日・18日、学力検査は24日、実技検査（芸術系学科等)・面接（一部の学校）は25日に実施する。合格発表は3月4日。

新型コロナウイルス感染症の陽性者の受検機会を確保するため、学力検査から11日後となる3月7日に追検査を実施する。追検査の合格発表は9日。追検査は、インフルエンザ罹患をはじめとするやむをえない事情により学力検査を受検できなかった志願者も対象。追検査の入学許可候補者は、原則として募集人員の枠外で決定する。

新型コロナウイルス感染症の濃厚接触者は、行政検査陰性、無症状、公共交通機関を利用しないといった条件を満たせば、学力検査または追検査の受検が認められる。（新・入試日程一覧は29ページに掲載）

東京　1年延期の中学校英語スピーキングテスト 新名称「ESAT-J」で2022年度本格実施へ

東京都教育委員会は導入を決めていた「東京都中学校スピーキングテスト」について、新型コロナウイルス感染症対策に伴う臨時休業の影響と教育活動再開後の学校運営への配慮から、2020年度以降の計画を1年ずつ繰り下げていたが、このほど、このテストの名称を新たに「ESAT-J（イーサット・ジェイ、English Speaking Achievement Test for Junior High School Students）と定め、改めて2023年度からの本格実施をめざすこととした。

都立高入試への本格的な活用も、当初の予定から1年繰り下げ、現在の中学2年生（2023年2月に入試を迎える学年）からの開始となる予定だ。

1年繰り下げの間、2020年度秋～冬には、101校、約9200人の生徒によってプレテストをさらに実施。実際のテスト状況に合わせて、大学、専門学校、民間施設など外部の会場を使用しての試行も実施して検証を深めている。

本年（2021年）秋～冬には、都内公立中学校の3学年全生徒約8万人を対象に確認プレテストを行って2022年度の「ESAT-J」本格実施（11月27日を予定～予備日12月18日）へと向かい、その結果は翌春の都立高校入試得点の一部に反映される予定だ。

この英語スピーキングテストは、すでに2019年秋～冬に8000人規模のプレテストまでが行われ、タブレットとカナル型イヤホン、防音イヤーマフを使い、解答音声を吹き込む試験形式で実施されたのち、その後の日程を1年ずつ繰り下げられていたもの。

東京　多摩地域に新たな体験型英語学習施設 立川駅から徒歩8分の立飛の施設を選定

東京都教育委員会は2月公表した「多摩地域における体験型英語学習施設整備方針」に基づく事業施設の候補として立川駅から徒歩8分の、立川市緑町いわゆる立飛《たちひ》地区にある大型複合ゾーン「GREEN SPRINGS」を最優良候補施設として選定した。

児童・生徒が、英語での体験的な学習活動を通じて、英語を使用する楽しさや必要性を体感でき、英語学習の意欲向上のきっかけ作りとなるよう、都教委は民間事業者とともに、2018年9月、江東区青海に東京都英語村「TOKYO GLOBAL GATEWAY」（TGG）を開設したが、いまでは常時予約待ちの人気施設となっている。地域的な利便性から「多摩地区にも第2のTGGを」という声に応えて、2023年度開設をめざしてTGGにならう施設が計画されているもの。

先行のTGGは、施設内オールイングリッシュで、ファストフード店やホテル、空港、航空機内など、海外での多くの日常を模した施設を移動しながら、ネイティブとの自然な会話を体験できる施設となっている。

突撃 スクールレポート

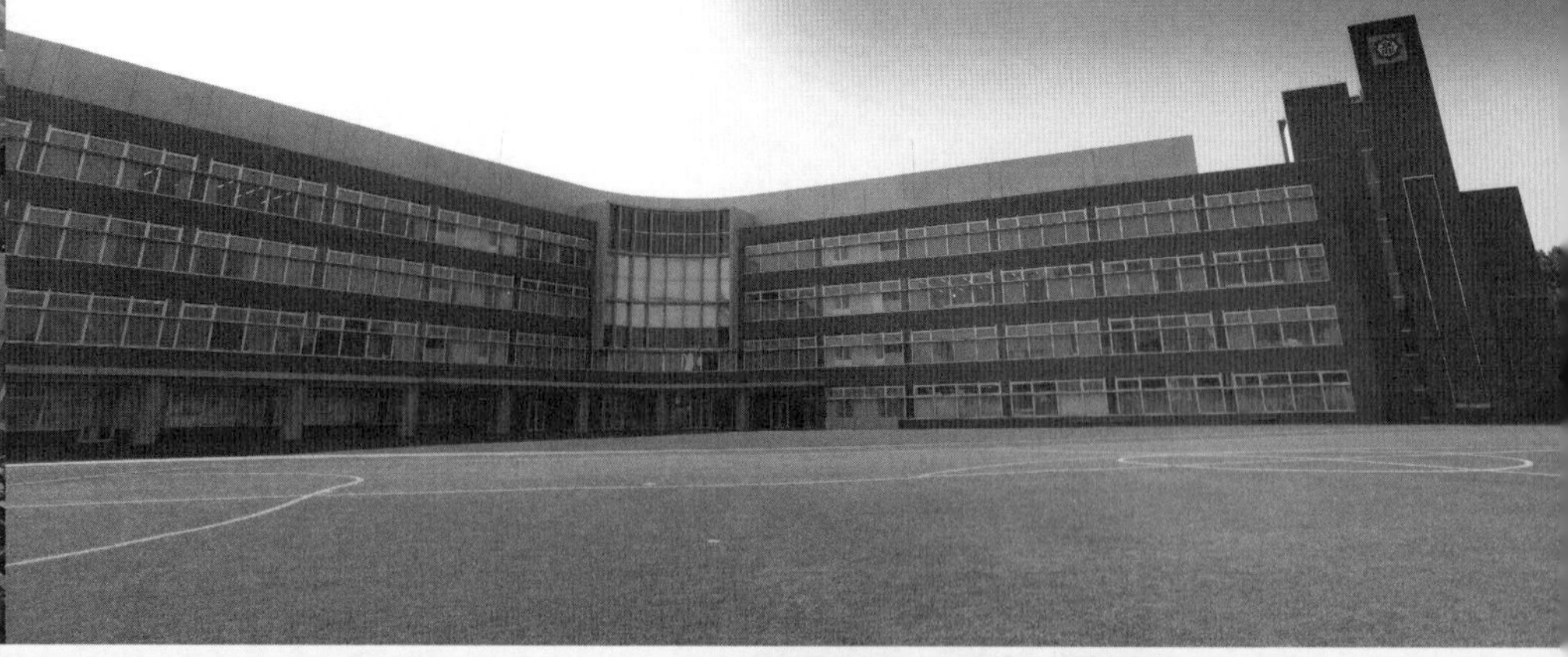

F 修学旅行　G 運動会　H 哲学の日

東洋大学京北《とうようだいがくけいほく》高等学校

〈共学校〉

建学の精神に基づいた哲学教育（生き方教育）を柱に、生徒の様々な力を伸ばす東洋大学京北高等学校。東洋大学の附属校であるメリットを活かしながら、他大学進学も積極的に支援しています。

「より良く生きる」をテーマに主体的な学校生活を送る

「諸学の基礎は哲学にあり」を建学の精神とする東洋大学京北高等学校（以下、東洋大京北）。哲学教育（生き方教育）、国際教育、キャリア教育の3つを柱に、「本当の教養を身に付けた国際人」を育成しています。

考えることを通じて様々な力を伸ばす

東洋大京北ならではの哲学教育（生き方教育）について、広報部長の井出秀己先生は「与えられる知識をただ吸収するのではなく、物事について自分なりに考え理解を深めていく。ときには『本当にそうなのか』と疑問を持って見つめ直してみる。このように『考えることをトレーニングする』のが本校の哲学教育（生き方教育）です。そうすることで広い視野で物事をみることができる俯瞰《ふかん》力や、新たにものを生み出す創造力などが育まれていきます」と話されます。

哲学教育（生き方教育）のテーマは「より良く生きる」。周りの人の幸せを考えられる人になることにより、自分の幸せを感じることができる。それが「より良く生きる」ことだと東洋大京北は考えています。そのため、必修科目の倫理では、「幸せ」について様々な視点から考察し、クラスメイトと議論を重ねていきます。

そして、自ら問いを立てエッセーにまとめる「哲学エッセーコン

Photo　A セブ島英語研修　B オレゴンサマープログラム　C バスケットボール部　D 吹奏楽部　E 合唱コンクール

写真提供：東洋大学京北高等学校　※写真は過年度のものを含みます。

テスト（高1、高2）」、古今東西の名著を読んで考える「名著精読（高2）」なども実施されており、人の意見をきちんと聴く姿勢とともに自分の考えを人に伝える力も身についていきます。

そのほか、テーマを定めて教室を飛び出して調査・研究を行う「哲学ゼミ（合宿）」、他校の生徒とともに古典哲学を学ぶ「アスペン・ジュニア・セミナー（日本アスペン研究所主催）」といったプログラムにも参加できます。

「物事を考えるためには教養が必要です。本校では難関クラスと進学クラスを設置していますが、どちらも幅広く学べるカリキュラムを編成しています。しかし、ただ教養を身につければいいのではなく、それを周りの人のため、世の中のために活用する心を持たなければなりません。学力と心の両面を大切にする、それが『本当の教養』につながります」と井出先生。

何事にも積極的に取り組む生徒たち

国際教育においては、通常の英語の授業に加え、コミュニケーション力の向上に注力する「国際英語」、異文化理解を深める「国際理解」を設置しています。さらに、東洋大学の留学生と英語で交流する「Let's Chat in English!」という東洋大京北だからこその国際交流プログラム、アメリカやフィリピンなどを訪れる海外研修も用意されており、例年、多くの生徒が参加しています。

そして、キャリア教育では東洋大学訪問や進路講演会を行うことで、高1から自分の将来について考えるきっかけを作っています。

附属校として東洋大学に推薦入学できる制度を用意する一方、他大学進学も応援しており、自習室や職員室前の学習コーナーなど、受験勉強をサポートする環境も整っています。「質問に来る生徒が多く、私たち教員も刺激を受けています」と井出先生。

物事に積極的な姿勢は行事でもみられます。コロナ禍の昨年度は多くが中止となりましたが、生徒会の発案で、七夕に向けて校内に笹を飾る行事を実施。全生徒、全教職員が短冊に願いごとを書いてつるしました。生徒の願いごとには「日本頑張れ」といった世の中全体を気遣う言葉、周りの幸せを願う言葉が多くあったそうです。

「行事などにおいても、生徒が『より良く生きる』ことをめざして色々な提案ができていると感じます。行事や部活動など、高校生活を彩るものはたくさんありますが、そこに哲学の学びをプラスすることで、さらに充実した日々を送れるのではないでしょうか。考えるという行為は受け身ではなく能動的なものです。一歩踏み出してなにかを生み出そうとする。創造することの喜びを知ることで、卒業後も自分らしい道を歩んでいけると思います」（井出先生）

スクールインフォメーション

所在地：東京都文京区白山2-36-5
アクセス：都営三田線「白山駅」徒歩6分、地下鉄南北線「本駒込駅」徒歩10分
生徒数：男子487名、女子472名
TEL：03-3816-6211
URL：https://www.toyo.ac.jp/toyodaikeihoku/hs/

2021年3月　おもな合格実績

北海道大	1	東京理科大	7
筑波大	1	青山学院大	11
千葉大	1	中央大	13
東京外語大	1	法政大	19
早稲田大	5	明治大	16
上智大	5	立教大	9

※既卒を含む

あの学校の魅力伝えます
スクペディア No. 46

上野学園《うえのがくえん》高等学校

東京都　台東区　共学校

所在地：東京都台東区東上野４-24-12　生徒数：男子241名、女子261名　TEL：03-3847-2201　URL：https://www.uenogakuen.ed.jp/
アクセス：JR山手線ほか「上野駅」徒歩８分、京成線「京成上野駅」徒歩10分、つくばエクスプレス「浅草駅」徒歩12分

学校全体で生徒１人ひとりの成長を支える

上野学園高等学校（以下、上野学園）の校舎は、最新のガラス壁を採用した設計で明るく開放感があり、生徒が集中して学業に取り組める環境です。生徒の幅広い希望進路に対応した２つのコースを用意する普通科と、プロとして活躍している演奏家が指導する音楽科に分かれており、今回は普通科について紹介します。

２つのコースで進路を意識した学習を行う

普通科は高１では共通カリキュラムで、高２から２コースそれぞれで文系・理系に分かれて学習します。

「特別進学コース」は国公立大学、難関私立大学進学をめざす生徒のために、進路指導部・教科担当・担任教員が定期的に情報交換しながら指導します。

高１から、模擬試験を定期的に、大学受験対策講座を週１回放課後に実施します。大学受験対策講座は、高１・高２では教員が、高３では豊富な指導経験を持つ外部講師が教員と連携しながら行います。８月には全学年参加の勉強合宿で、より生徒の学力を伸ばします。

「総合進学コース」は幅広い進路の実現をめざすコースです。全学年実施の探究型の授業「総合的な探究の時間」では、生徒が地域の課題を解決するためのプロジェクトを立ち上げ、地域の方との交流を深めることで社会性を身につけていきます。

また大学入試の小論文対策として、高１から授業中に文章を書く機会を多くとっており、その成果を確認するためのテストを定期的に行います。高３からは週２回ある小論文の授業でさらに文章力を磨いていきます。

そのほか英検や漢検、ＧＴＥＣなどの受験を推奨しており、事前対策講座や模擬試験、個別指導などのサポート体制も整えています。

なお、高２進学時に成績が基準に達していれば「特別進学コース」にコース変更することも可能です。

両コースとも学校生活や進路について教員に相談できる機会が多く、担任教員との面談は年６回以上行われています。加えて、生徒全員が所持するｉＰａｄに日々の勉強や生活を記録し、その内容を担任教員や教科担当の教員と共有することもできます。

生徒に寄り添った指導を行う上野学園。教員が一丸となって生徒の成長を支えています。

あの学校の魅力伝えます
スクペディア No.47

順天《じゅんてん》高等学校

東京都　北区　共学校

所在地：東京都北区王子本町1-17-13　生徒数：男子333名、女子355名　TEL：03-3908-2966　URL：https://www.junten.ed.jp/contents/
アクセス：JR京浜東北線・地下鉄南北線「王子駅」、都電荒川線「王子駅前」徒歩3分

学校生活を通して生徒の見識を広げる

教育目標を「英知をもって国際社会で活躍できる人間を育成する」とし、学校生活のなかで生徒の課題解決力を養う順天高等学校（以下、順天）。本館と様々な設備を備えた4つの校舎で生徒の学習を支える王子キャンパスのほか、広々としたグラウンドや体育館、宿泊施設を兼ね備えた新田キャンパスもあり、生徒は伸びのびと過ごしています。

順天では高1から、医学部や国立大学・難関私立大学の理系学部進学を目標に掲げる「理数選抜類型」（Sクラス）、海外の大学や難関私立大学の国際系の学部、文系学部進学をめざす「英語選抜類型」（Eクラス）、年4回以上実施される面談や進路ガイダンスなどを通じ、希望進路を模索する「特進選抜類型」（Tクラス）の3つに分かれます。

高2の文理選択は「特進選抜類型」のみで、「理数選抜類型」は理系、「英語選抜類型」は文系へ全員が進みます。高3では、すべての類型が国立コース・私立コースに分かれ、希望進路に沿って学習を行います。

また、後述する「総合的探究」とは別に、「理数選抜類型」では科学への理解を深める「理数探究」、「英語選抜類型」では異文化理解をテーマとした「英語探究」という、探究型の授業を高2で実施しています。

授業や課外活動で社会への関心を深める

すべての類型で行う探究学習「総合的探究」は、国際社会の問題点について考え、生徒の主体性と知的好奇心を引き出す授業です。

高1から、各自で探究テーマを決め、仮説を立てて調査・研究します。これらは海外研修（高2）や進路とも結びついていくので、探究を進めるにつれて、調査・研究のフィールドが学内だけでなく大学や地域、企業へと広がります。

その成果は日本語と英語の2言語でまとめ、「探究報告会」で高2全員がポスター発表やプレゼンテーションをするほか、学校外の「探究甲子園」や「つくばサイエンスエッジ」といったものにもチャレンジする生徒がいます。

自由参加型の多彩なボランティアプログラムも特徴の1つです。学校が用意したもの以外に、生徒が発案することもできます。

このように、順天は生徒の知見を広げ、自ら考え行動する力を育てています。

あの学校の魅力伝えます
スクペディア No. 48

麹町《こうじまち》学園《がくえん》女子《じょし》高等学校

東京都　千代田区　女子校

所在地：東京都千代田区麹町３-８　生徒数：女子のみ428名　TEL：03-3263-3011　URL：https://www.kojimachi.ed.jp/
アクセス：地下鉄有楽町線「麹町駅」徒歩１分、地下鉄半蔵門線「半蔵門駅」徒歩２分、JR総武線ほか「市ケ谷駅」・JR中央線ほか「四ツ谷駅」徒歩10分

自分の「みらい」をデザインできる女性へ

多くの文化施設、官公庁施設、各国大使館などが点在する千代田区麹町に校舎をかまえる麹町学園女子高等学校（以下、麹町学園女子）。「聡明・端正」を教育目標に掲げ、「豊かな人生を自らデザインできる自立した女性」の育成をめざす学校です。

受験勉強にとらわれない 東洋大学グローバルコース

麹町学園女子では、東洋大学と連携した「東洋大学グローバルコース」を設定しています。

コースの最大の特徴といえるのが、原則全員が高校卒業後に東洋大学へ入学できる進学システムです。所定の推薦基準を満たせば、東洋大学の12学部35学科のいずれかに進学が可能であり、大学受験の勉強にとらわれることなく、将来の自分に必要となる能力を高校3年間でしっかりと育むことができます。

東洋大学との連携は進学保証だけにとどまらず、実際に東洋大学を訪れるキャンパスツアーや大学教員による出張講座、研究レポートの作成など、様々な場で多彩な取り組みを展開しています。

また、基礎知識や教養からなる「見える学力」と、思考力や表現力、自発的に学ぶ力といった「見えない学力」を合わせた「みらい型学力」を育む独自の教育プログラムを用意している点も特徴です。

なかでも英語教育には力を入れています。「アクティブイングリッシュ」と名づけた学校独自の活動型英語学習を採用し、英語４技能をバランスよく伸ばします。授業中はもちろん、始業前にも英文音読を行う「朝の音声活動」を実施するなど、「使える英語」の修得を目標としたカリキュラムが特徴です。

思考力・判断力・表現力を育むアクティブラーニングは、英語以外でも積極的に取り入れています。また、1人1台のタブレット端末や電子黒板機能つきプロジェクターといったICT環境も整備されているため、質の高い双方向授業が可能です。

そのほか、約1万字の研究論文に挑戦する「みらい論文」をはじめとした独自のキャリア教育を行う「みらい科」や、多彩な国際理解教育を用意した「グローバルプログラム」など、麹町学園女子には、魅力的な教育内容が充実しています。

個性あふれる豊富な独自教育のもと、自分の「みらい」をめざして成長できる学校です。

あの学校の魅力伝えます
スクペディア No. 49

二《に》松《しょう》学《がく》舎《しゃ》大《だい》学《がく》附《ふ》属《ぞく》柏《かしわ》高等学校

千葉県　柏市　共学校

所在地：千葉県柏市大井2590　生徒数：男子550名、女子526名　TEL：04-7191-5242　URL：https://www.nishogakusha-kashiwa.ed.jp/
アクセス：JR常磐線・東武野田線「柏駅」ほかスクールバス

長い歴史に育まれた独自の教育

二松学舎大学附属柏高等学校（以下、二松学舎柏）は、140年以上の歴史のなかで文豪・夏目漱石をはじめとする様々な著名人を輩出してきた二松学舎大学の附属校です。「己を修め人を治め一世に有用なる人物を養成する」「東洋の精神による人格の陶冶」という建学の精神のもと、自ら考えて行動できる能力を鍛え、社会のために貢献する人物を育成しています。

校訓は「仁愛・正義・誠実」。この3つの言葉からもわかるように、二松学舎柏が大切にしているのは豊かな人間性です。そのため「人間力の向上」と「学力の向上」を教育の二本柱として、卒業後もグローバルに活躍する素地を育んでいます。

『論語』で人間力を「自問自答」で学力を

二松学舎柏は、「人間力の向上」のため、『論語』教育を行っています。『論語』とは、中国の思想家・孔子の教えを弟子たちが記録したものです。人の生きる道や考え方などが記されており、二松学舎大学第3代舎長を務めた実業家・渋沢栄一も模範にしていたといわれています。その『論語』を、二松学舎柏生は全員、「総合的な学習の時間」のなかで週1時間学んでいるのです。

一方「学力の向上」のための教育は、進路希望に合わせた3コース制で実施されています。最難関大学をめざす「スーパー特進コース」、難関私立大学をめざす「特進コース」、幅広い進路に対応する「進学コース」です。それぞれカリキュラムは異なりますが、どのコースも学習システム入りのタブレットを使用して学びます。ICT機器の活用により、生徒たちのメディアリテラシーや「自問自答力」を養うことが目的です。

「自問自答力」とは、「自らに問い自ら答える」「自ら問題を見つけ自ら解決する」力です。二松学舎柏はこれらを、未来を切り拓く「学力」を身につけるために必要な教育の原点と位置づけており、2030年に向けて進められている教育改革のキーワードにも掲げています。

また、二松学舎大学・柏キャンパスと同じ敷地内で学ぶため、蔵書15万冊の図書館をはじめ、充実した設備が利用できるのも大きな魅力です。独自の教育で自ら考える力を育てる二松学舎柏では変わりゆく時代に対応し、未来をたくましく生き抜く力を身につけることができます。

高校教育新潮流

この春のニュースで、1年後の4月から登場する新たな教科書が話題となりましたが、いま新学期が始まり、高校では新学習指導要領に沿った学びが、教科書を待たずにスタートしています。

このページでは前回から『高校教育新潮流』と題して、変わりゆく学校とその教育システムについてご紹介しています。とくに新学習指導要領がめざす変革の一番手ともいえる「英語教育」の変貌についてお伝えすることとし、なかでも他校とは異なるアプローチで英語習得に貢献できる教育システムに取り組んでいる高校をご紹介しています。

NEW WAVE

これからは英語がとくに重要 人気が集まる英語に強い学校

なぜ、これほどまで「英語教育」に、中学生とその保護者が敏感になっているのかは、前号（4月号）で述べていますので再読していただければ助かりますが、ここでも簡単に触れておきます。

ここ数年、文部科学省（文科省）は日本の英語教育の行方に懸念を抱き、大きな改革に着手しています。

大学入試改革でも、文科省は英語を重視する姿勢を強く示し、英語の4技能、「読む」「書く」「聞く」「話す」をまんべんなく習得する教育を標榜しており、学ぶだけでなく「使える英語」をめざしていることは明らかです。

この1月に始まった大学入学共通テストの出題内容をみても、この動きの影響を受けていることがわかります。リーディングでは、スマートフォンでのやりとりを題材とするなど、実用的な英語力が問われましたし、リスニングでは非英米系の話し手の会話を聞かせるなど、これまでの大学入試センター試験からは、大きな変化がありました。

こうなると、少しでもレベルの高い大学に「進みたい」、「進ませたい」と考える中高生とその保護者は英語に強い学校を選ぼうとします。

できれば英語を高校時代のうちにマスターしてしまい、それをアドバンテージとして大学に進学すれば、子どもの未来が開けてくる、とも考えているわけです。

ここ数年の高校入試でも、「在学中の留学」をうたっている学校を代表とする「英語に強い学校」が、受験生を多く集めています。その背景に「これからは英語が必要になる」と考える受験生・保護者のニーズが透けて見えています。

ダブルディプロマってなに？

「ダブルディプロマ」とは 国内と外国の2校の卒業資格

さて、今回登場するのは「ダブルディプロマ校」です。

英語に強い学校として、前回ご紹介した「留学を推し進めている学校」と並んで、いま中高一貫校や高校で話題にあがるのが「ダブルディプロマ校」です。

聞き慣れない言葉だと思いますが、首都圏や関西圏でダブルディプロマ・コースを開設する学校が増えています。

高校選びの人気をみても、新しい英語教育の形として登場した「ダブルディプロマ校」が、受験生の間で魅力的な学校群の1つとなっていることは間違いありません。

では、いったい「ダブルディプロマ」とは、どんな意味を持つ言葉なのでしょうか。

「ディプロマ（diploma）」という

英語は、卒業資格を意味します。それがダブルなのですから、卒業資格が2つ手に入るということです。2つの卒業資格とは、日本の高校卒業資格と、他国の高校にあたる学校の卒業資格です。それを同時に取得できる高校を、本誌では「ダブルディプロマ校」と呼んでいます。

外国の高校卒業資格も獲得

首都圏で先鞭をつけた文化学園大学杉並高校

首都圏で最も早く、2015年からダブルディプロマ・コースに先鞭《せんべん》をつけたのは文化学園大学杉並高校（以下、文大杉並高、東京・杉並区）でした。

具体的には、文大杉並高はカナダの学校と提携し、その日本校を学校内に誘致したのです。

2015年4月、同校はカナダのブリティッシュコロンビア州（BC州）教育法によって認定されたカリキュラムを提供するダブルディプロマ・コースを設けました。その特徴は、日本の高校に通い、同校にいながらにして、カナダの学校の授業を英語で受けられることです。

このコースの生徒は日本の高校の授業と並んで、校内に併設された「Bunka Suginami Canadian International School（BCS）」の生徒として、BC州教育省から派遣されたカナダ人教員による授業を受けます。授業は現地の学校と同じ内容をカナダ人の教員が英語で繰り広げます。そして卒業時、カナダで発行される卒業資格も取得できます。

高1の7月には、BC州の学校に5週間、単位取得を目的とした短期留学に出かけます。

昨年はコロナ禍のため、短期留学は延期して国内にとどまり、同校でカナダ教員による授業が行われました。

文大杉並高にはカナダの学校が設置されている。数学など各科目の先生たち（写真／同校提供）

その短期留学の間に、このコースの生徒たちは、英語力が劣っていても「英会話力は（単なる英語学習とは）別のもの」、「英語で話すことは楽しい」「楽しさを感じれば英会話力はどんどん伸びる」というプラス思考を軸に「自己肯定感」も得られる経験と手応えをつかみます。

それから日本に戻り、カナダの学校の教育システムをバックボーンとした授業を、継続して受けることになります。

カナダはアメリカ以上に多文化共生社会です。そのなかで正式に高校の公教育の内容を海外高校の生徒にも指導できる仕組みを、学校教育の文化として培ってきました。

文大杉並高がこの教育システムを取り入れ活用できたのは、カナダの提携校が「他国の文化を理解しながら指導すること」に長《た》けていたことが大きかったといいます。

このコースの卒業生は日本とカナダ両方の高校の卒業資格を得ることができ、英語圏の大学などに進学を希望する場合、一定の成績基準を満たしていれば、一般的な留学の際に必要な検定試験を受けなくても出願が可能となります。

また、国内の大学においてもカナダの卒業認定によって、帰国生並みの優遇を受けられる場合もあります。

現在1期生から4期生まで84名の卒業生を送り出していますが、そのうちの半数の生徒が海外大学（22名）または国公立、早慶上智・ICU（25名）に進学しています。

G-MARCHレベルの大学を含めると全体の7割程度が、いわゆる難関大学に進学という結果を出しています。

「日本での学び」も大切にする

ダブルディプロマは「長期留学」よりお得か!?

文大杉並高のシステムで大切なポイントは、日本に「いながらにして」というフレーズです。

留学せず日本の在籍校にいて、カナダの先生の指導で授業が受けられるのが魅力なのです。

前回ご紹介した「在学中の留学」をうたっている長期留学学校は、ほぼ1年間の留学を実施する学校です。

文大杉並高のダブルディプロマ・コースでの1学年夏季の、前項で述べた留学は5週間という短期間ですから、長期留学ほどには費用がかかりません。

また保護者は、長期留学のように子どもと離れての長い時間、様々な心配をしなくてもいい安心感があるのも魅力です。

ダブルディプロマ・コースのカリキュラムの魅力は、日本の高校教育カリキュラムを欠くことなく、日本で高校を卒業できるうえ、じっくりと「英語で学ぶ」機会があり、高い英語力を養うことができる点です。

また、授業数は多くなるものの、日本のカリキュラムも、カナダのカリキュラムも3年間かけてしっかりと修了させるという点が、海外に長期留学するプログラムとは大きく異なります。

そしてダブルディプロマで海外の卒業認定をも手にしたあとは、日本を含め、世界中の大学への進学をめざすことができる、グローバルな道が開かれています。

外国滞在時間の差がカギに

ダブルディプロマ校にも2つのタイプがある

さて、東京では文大杉並高に生徒（受験生）が集まるようになったことで、このコースを追随する学校が出てきました。

ただ、ダブルディプロマ校だからといって、すべての学校が文大杉並高と同じように「日本にいながら」にして海外の学校の卒業資格を得られるものとは限りません。

同じダブルディプロマ校でも、麹町学園女子高（東京・千代田区）と神田女学園高（同）のそれはアイルランドやニュージーランドの高校とのダブルで、こちらは提携先の高校に一定期間（2年間くらいの長期例も）の留学をするようにスケジューリングされています。

2年間、日本を離れても在籍校を休学にはなりません。また向こうに行きっぱなしでもなく短期間の一時帰国も可能なスタイルですが、長期の滞在ですから英語での会話力の醸成には有利でしょう。

この2校の大学進学実績はまだ出ていませんので推測でしかありませんが、この制度を乗り越えた生徒は、国内よりもむしろ、海外大学志向が強くなるのではないかとも思われます。

さらに圧倒的な英語力を若いうちに身につけることで、その先の就職までを見据えたダブルディプロマだともみえます。

なお、大阪学芸高（大阪・住吉区）は文大杉並高と同じカナダBC州と提携、国本女子高（東京・世田谷区）はカナダ、アルバータ州の学校が校内に設置され、同国の中学校で行われている授業を取り入れたＫＡＩＳと呼ばれる仕組みのもと、6年間の一貫教育を行っています。

両校は日本を拠点にダブルディプロマ獲得をめざす文大杉並高型といっていいでしょう。

このようにダブルディプロマ校にも2つのスタイルがあります。

かたや、拠点が日本にあり、日本の学校に「いながら」が売りのダブルディプロマ校、もう1つは2年近く海外の学校に拠点をおき、圧倒的な英語力をめざすダブルディプロマ校です。

前回に紹介した「1年間、英語漬けの毎日を送る長期の留学校」が、帰国した生徒の頑張りで大学進学実績を押し上げたことから、国内のグローバル教育は変化をみせ始めました。

ダブルディプロマ校の出現で、一気に多様化したグローバル教育校ですが、一長一短があり、どれがいいかを結論づけることはできません。

しかし、大学の教育改革、とくに英語教育への見直しは、それを先取りする形で、高校の学び、とくに英語教育の姿を変貌させていくだろうことには気づいてほしいと思います。

2021年度 首都圏公立高校入試結果

［安田教育研究所　代表 安田理］

コロナ禍のなかで行われた各都県・公立高校の今春入試では、3年前から続く「私立志向=公立離れ」が、さらに進む傾向となりました。このため、二次募集校が増加し、定員割れ校もめだっていますが、難関校、上位校の人気は衰えておらず、安易にチャレンジすると厳しい結果が待っていました。来春の入試もこの傾向は続くと考えられます。また、コロナ禍ではなにが起こるかわかりません。公立高校をめざしている受験生は、早め早めの準備を心がけましょう。

一般の応募倍率は減、推薦は増

東京 都立

2021年度の東京都立高校推薦入試では応募者が増え平均応募倍率が2・78倍に上昇しました。一方、一般入試では平均応募倍率が昨年の1・40倍から1・35倍に下がりました。私立志向が強まり、都立高校の志望者は減少しているものの人気校の固定化・二極化傾向が続いています。

一般入試

一般入試の平均実倍率ダウン 続いている「都立離れ」

2021年度の都立高校一般入試では2万9509人の募集に対し、3万9785人が応募しました。平均応募倍率は1・40倍から1・35倍に下がりました。公立高校より私立高校を希望する生徒の増加がうかがえます。要因としては、進学指導への信頼感と就学支援金の充実に加え、コロナ禍での対応のよさが私立志向を高めています。

受験者数は3万7500人で2万8374人が合格しました。平均実倍率は昨年より0・02ポイント下がり1・32倍でした。

男子応募倍率は日比谷が1位 女子は三田が2年連続トップ

普通科の男子では日比谷が応募倍率、応募者数とも1位でした。前年1位の戸山、2位の青山が倍率を下げた結果です。

応募倍率2位は戸山で、前年2・5倍近かったことから一部で敬遠されたのでしょう。3位には三田が10位から順位を上げました。同校は実倍率ではトップの2・01倍で男子の普通科では唯一2倍を超えました。4位には2年連続で田園調布が入りました。前年、実倍率の方ではトップの2・11倍でしたが、今年は1・90倍で2位。実倍率は以下、豊島1・86倍、戸山1・84倍、深川1・83倍と続きました。難関私立との併願が多く欠席や辞退の多い日比谷は1・51倍でした。

普通科の女子では三田が応募倍率・実倍率・応募者数ともに1位でした。応募倍率では2年連続、実倍率では男女とも1位です。

2位は前年まで3位だった青山、3位は前年2位の広尾で、上位3校は前年と同じ顔ぶれです。4位の上野は隔年で応募者数が上下しています。5位の田園調布は2年連続で応募者数を増やしました。女子の応募倍率トップ10はすべて2倍台でした。

実倍率上位校は三田2・46倍、青山2・20倍、上野2・12倍、城東1・93倍、竹早1・92倍、田園調布1・91倍の順でした。

人気校が固定化してきている

2021年度一般入試 応募倍率上位校（普通科男子）

1位	日比谷	2.25倍
2位	戸山	2.19倍
3位	三田	2.07倍
4位	田園調布	2.05倍
5位	石神井	2.01倍
5位	青山	2.01倍

2021年度一般入試 応募倍率上位校（普通科女子）

1位	三田	2.99倍
2位	青山	2.44倍
3位	広尾	2.34倍
4位	上野	2.22倍
5位	田園調布	2.16倍

2021年度一般入試 応募者数上位校（普通科男子）

1位	日比谷	297人
2位	戸山	289人
3位	豊多摩	262人
4位	青山	261人
5位	城東	250人

2021年度一般入試 応募者数上位校（普通科女子）

1位	三田	296人
2位	青山	293人
3位	上野	271人
4位	小岩	257人
5位	戸山	243人

応募者数ベスト3は青山、新宿、日比谷

応募者数では男女合わせて554人を集めた都立青山

応募者数が多かったのも男子は日比谷、女子が三田、単位制等では新宿でした。男女の合計数では青山が554人で最多、新宿545人、日比谷535人、戸山532人、三田517人と続きます。

応募者数上位10校のうち、男子では9校、女子では6校が前年と同じ顔ぶれで人気の固定化がうかがえます。男女とも上位10校に進学指導重点校の日比谷、戸山、青山の3校が入り、立川は前年に続き男子のみランク入りし、西は順位を下げています。

単位制では新宿がトップを維持しています。国分寺、芦花が続き、上位3校で順位に違いはあるものの同じ顔ぶれです。

推薦入試

集団討論なくなり倍率上昇 応募倍率男女とも青山が1位

2021年度推薦入試 応募倍率上位校（普通科男子）

1位	青山	6.14倍
2位	城東	5.75倍
3位	足立西	5.05倍
4位	片倉	4.90倍
5位	三田	4.85倍

2021年度推薦入試 応募倍率上位校（普通科女子）

1位	青山	9.77倍
2位	三田	7.50倍
3位	板橋	6.77倍
4位	広尾	6.42倍
5位	城東	6.23倍

2021年度の都立高校推薦入試では8768人の募集に2万4349人が応募、前年より1311人増えました。

今年度は新型コロナウイルス感染防止のため、対策を立てにくい集団討論がなくなったので応募者が増えたのでしょう。平均応募倍率は2・55倍から2・78倍に上がりました。普通科男子が2・64倍から2・87倍に、女子も3・34倍から3・58倍に上昇、単位制普通科は2・77倍から3・15倍、普通科コース制は1・59倍から2・15倍と大きく上昇しました。

推薦の応募倍率1位は男女とも青山でした。進学指導重点校では唯一のランク入りです。男子が4・36倍から6・14倍に、女子は7・08倍から9・77倍と大きく上昇しています。

男子の2位は前年と同じ城東で4・78倍から5・75倍に伸ばしています。3位には2・45倍から5・05倍に急上昇した足立西、前年1位の片倉が4位、2・81倍から4・85倍に上昇

した三田が5位でした。

女子2位の三田が5・00倍から7・50倍、3位の板橋も4・85倍から6・77倍に上がっています。男子に比べ、女子の方が応募倍率の高さがめだち、受験生が集中した高校の多さがうかがえます。

単位制普通科では上水が5・33倍でトップ、新宿が4・59倍で2位。国分寺が3・58倍で3位でした。新宿はここ3年、6倍台→5倍台→4倍台へという動きです。

応募倍率微増、横浜翠嵐トップ

神奈川 県立 市立

2021年度の神奈川県公立高校入試では平均応募倍率が0・01ポイント上がり1・18倍になりました。応募倍率トップの横浜翠嵐は2倍を超えましたが、定員割れ校も多く二次募集数は1000人を超え続けています。

応募倍率0・01ポイント増 応募倍率トップは横浜翠嵐

普通科の応募倍率上位10校のうち、学力向上進学重点校は横浜翠嵐、湘南、川和の3校、学力向上進学重点校エントリー校が横浜緑ケ丘、多摩、大和、鎌倉の4校でした。特色検査の自己表現検査実施校が7校を占めています。

最も応募倍率が高かったのは今年度も横浜翠嵐で、前年の1・97倍から0・1ポイント上昇、唯一2倍を超えています。

2位の横浜緑ケ丘は上位校の常連校の1つですが、昨年は応募倍率を下げていました。自己表現検査を独自問題から共通問題に変更したことで敬遠傾向が働いたのかもしれません。3位の多摩、4位の湘南も倍率・順位とも上昇しています。5位の七里ガ浜はここ数年、人気が上がっていて応募倍率上位10校に初めてランク入りしました。

相変わらず人気を集めている県立横浜翠嵐

難関校は変わらぬ人気が続く

今年度、近隣都県ではコロナ禍による敬遠傾向や私立志向がみられましたが、神奈川の場合は難関校志向はあまり下がっていないようです。前年に自己表現検査導入校が急増したことも影響しているものと思われます。

普通科以外では、新設された神奈川総合・舞台芸術が2・33倍、同校の個性化が2・00倍、同校の国際文化1・80倍と並んで相模原弥栄・美術1・85倍などの高倍率がめだちました。

横浜翠嵐が応募者数 受験後取消数とも最多

応募者数上位10校では横浜翠嵐が7年連続で1位でした。昨年かろうじて700人台を維持していましたが、今年は増加し、2位との差を広げています。4年連続で2位になった湘南も前年より増えています。

学力向上進学重点校でランク入りしているのは両校のみで、学力向上進学重点校エントリー校も6位の希望ケ丘のみでした。年によって多少違いはあるものの、上位校の顔ぶれはそう大きく変わっていません。

公立の出願後に合格発表のある難関私立を第1志望にしていた生徒が受験後に出願を取り消しますが、３１０人→２９２人→３７９人→３２８人→３１７人→３０１人と3年連続で減少しました。最も多かったのは今年も横浜翠嵐で50人でしたが、3年連続で減少しています。

全日制で定員割れをした高校は37校１０３９人で、昨年の１０７１人を下回りました。昨年までの増加傾向は止まりましたが、１０００人を超えています。難関校ばかりでなく二番手校でも人気を集める高校が増えている一方、難度の低い高校や工業系をはじめとした専門学科での定員割れが顕著です。就学支援金の充実によって公私間の学費格差が緩和されたのに加え、高校卒業後の進路に対する不安感から「どこでもいいから公立に」という傾向はますます弱まっています。東京をはじめ近隣他都県でも似た動向がみられ、今後も強まりそうです。

2021年度応募者数上位10校

1位	横浜翠嵐	741人
2位	湘南	574人
3位	七里ガ浜	544人
4位	海老名	521人
5位	市ケ尾	514人
6位	希望ケ丘	508人
7位	住吉	497人
8位	生田	490人
9位	麻溝台	488人
10位	新羽	485人

自己表現検査実施は増加傾向 実施17校で10校が倍率アップ

２０２０年度入試から自己表現検査の共通選択問題を学力向上進学重点校と進学重点校エントリー校で実施しました。自己表現検査は科目にとらわれず総合的な学力を問うもので、7校から17校に実施校が増えています。

このうちで２０２０年度に実倍率を前年より上げたのは柏陽、大和、横須賀、小田原、相模原の5校だけでした。2年目の２０２１年度は横浜翠嵐、湘南、厚木、川和、希望ケ丘、横浜緑ケ丘、鎌倉、平塚江南、多摩、茅ケ崎北陵の10校となり倍増しています。一方、これまでと同じ独自問題で「自己表現検査」を実施した市立横浜サイエンスフロンティア・理数、横浜国際・国際バカロレア、神奈川総合・国際文化は実倍率を下げました。

3年目となる次年度は今年の反動で倍率緩和校の実倍率が上昇することも考えられます。また、中学3年生人口が増える年にあたるので定員割れ校も多いなか、どこが臨時定員増加校になるのか注目されます。

2021年度
特色検査の自己表現検査
共通選択問題　実施17校

・学力向上進学重点校…横浜翠嵐、湘南、柏陽、厚木、川和

・エントリー校…希望ケ丘、横浜緑ケ丘、光陵、平塚江南、横須賀、多摩、横浜平沼、鎌倉、小田原、大和、相模原、茅ケ崎北陵

千葉　県立　市立

前・後期の一本化で公立離れか

千葉県の公立高校入試は、この２０２１年度から入試機会が一本化されました。これまで前・後期の2回に分かれていた合格数が1つになったため、平均倍率は大きく緩和しました。入試制度変更にコロナ禍への不安が加わり、公立志向は減少したようです。

平均応募倍率は1・08倍 定員割れ校も増える

２０２１年度は前・後期の2回入試から入試機会が1回に変わりました。分散していた合格数が集約されたため２０２０年度前期１・６８倍、後期１・41倍から平均応募倍率は１・

平均倍率は大幅に緩和の千葉

08倍に緩和しました。昨年までの前・後期の平均実倍率も減少傾向にありましたが、制度変更への不安もあって公立離れが続く結果となりました。

募集定員3万920人に対し、3万3517人が志望、3万3328人が受検しました。定員割れ校・欠員が増えたため、合格数は2万8988人でした。募集数より2000人近く少なく、平均実倍率は1・15倍で応募倍率を上回りました。

応募倍率1位は東葛飾 県立船橋が2位に

2021年度、普通科で応募倍率が最も高かったのは東葛飾で1・82倍でした。実倍率も1・77倍と高く、昨年後期の1位も同校でした。2位には昨年前期1位の県立船橋が1・76倍で入っています。両校とも昨年前期の応募倍率は3倍を超え、後期も2倍以上でしたので緩和した印象です。

3位には昨年前期4位の柏の葉が安定した人気で順位を上げています。4位の津田沼、5位の柏南も上位10校の常連校です。

普通科以外では柏の葉・情報理数が最も高く1・88倍、県立柏・理数1・78倍、県立船橋・理数1・63倍、流山おおたかの森・国際コミュニケーション1・53倍、小金・総合1・51倍、市立千葉・理数1・50倍など理数科や国際科など、進学を前提とした専門学科に人気が集まっています。

普通科で倍率トップの県立東葛飾

倍率自体は緩和してみえますが、普通科も専門学科もランキング常連校の顔ぶれはあまり変化していません。今後もこの傾向は続きそうです。

コロナ禍も手伝い公立敬遠へ

応募者数1位は幕張総合 普通科では県立船橋

応募者数についてもみてみましょう。

募集数の多い幕張総合（総合）が1位を維持しています。昨年前期より応募者は減らしましたが3年連続で1000人を超えました。

2位の県立船橋は3年連続で普通科1位を維持し続けています。

同校は千葉県公立高校御三家の1校と称されることもありますが、県立千葉、東葛飾には附属中学校があるのに対し唯一の高校募集単独校であるため、毎年数多くの応募者を集めています。

3位の柏南、4位の津田沼も昨年とほぼ同じ順位で安定した人気です。応募倍率ランキングと同様、常連校が多くみられます。

2次募集する生徒数は倍増 2000人近くに

ここ3年ほど、千葉県に限らず公立高校での二次募集数が増えています。合格難度が高くない普通科や専門学科などで人気の低下が顕著になっています。

千葉県公立高校の二次募集数は2018年度以降、651人→870人→927人と増え続け、2021年度は1937人と倍以上に急増しました。なぜ、こんなに増えたのでしょうか？

まず、入試制度が大幅に変わると前年までの状況から予想をしにくくなるため、入試改革初年度は敬遠傾向が働くものです。また、ここ数年、就学支援金の充実によって公私間の学費格差が緩和されたこと、大学附属校を含め進学実績について評価の高い私立高校人気が上昇していることから、公立より私立を志向する傾向がみられます。

加えてコロナ禍の対応についても

速さや柔軟性など私立の評価が高いことも公立離れにつながっているのでしょう。さらに、コロナ禍での制約が多いなか「早く進路を決めて安心したい」という受験生が1月中に合否が決まる県内私立高校を志望したことも考えられます。

千葉は広いため、学区制度によって受検できる公立高校はある程度限定されますが、人口が少ない地域にある高校の募集数が多い例もあって、ここ数年、学区によっては平均応募倍率が1倍を切っているところがあることも影響しています。

来春の2022年度入試では中学3年生人口が増加し、新入試制度も2年目になるため、公立高校の応募者数は増えることが予想されます。

油断は禁物ですが応募倍率が急上昇するとは考えにくいため、行きたい高校を見つけたら合格できるよう努力することが大切です。人口の増減により調整される臨時募集人員の増減にも注目する必要があります。

埼玉 県立 市立

続いている平均応募倍率の緩和

埼玉県の公立高校入試も応募者の減少、平均倍率の緩和がみられました。コロナ禍による安全志向に加え、「進路を早く決めたい受験生」の私立志向が強まった一方、応募倍率では理数科人気、応募者数では難関校人気の高さがめだちました。

平均応募倍率は1・12倍から1・10倍に緩和

埼玉では公立志望の割合が低下し、応募倍率は1・12倍から1・10倍に緩和しました。定員割れ校や欠員が増えていることから実倍率が応募倍率を上回っているものの、近年の平均実倍率は1・19倍→1・18倍→1・17倍→1・14倍→1・13倍と推移しています。これまであまり変わらなかった実倍率が昨年に続き最も低くなりました。

募集定員3万6040人に対し、3万9305人が応募しました。

受験者数は2157人減り3万9156人で、合格者数は前年より1586人少ない3万4680人でした。不合格者数も2018年から6748人→6398人→5047人→4476人と減少し続けています。

欠員数が前年と比べて1458人へと倍近くに

欠員補充は7年前の240人から451人→404人→380人→506人と上下動を繰り返していましたが、2018年度は990人に急増、以降915人→780人と減少していましたが、今年は1458人と2倍近くにまで急増しています。

千葉県のところでも触れましたが、首都圏全体では近年の傾向として、大学入試への対応などから私立志向が強まっています。埼玉では近隣他都県に先駆けて県内私立に進学した際の就学支援金が充実していた分、いち早く私立人気の上昇傾向がみられました。加えてコロナ禍への対応について私立高校の優位性が評価されたことや「早く進路を決めて安心したい」受験生が1月に合否が決まる私立志望に切り替えたケースも増えたのでしょう。

埼玉県は休校措置などによる授業の遅れに配慮し、公立高校入試の学力検査で削減された出題範囲が首都圏で最も多かったのですが、応募者増にはつながりませんでした。また、昨年度に続き人気上位校でも実倍率

理数科人気の高まりが顕著に

の緩和がみられました。

応募倍率トップは大宮（理数）と市立大宮北（理数）

左表にみられる通り、2021年度の応募倍率上位10校のうち、理数科が6校と半数以上を占めました。倍率が2倍を超えたのも昨年は市立大宮北1校だけでしたが、今年は3校に増えています。

専門学科は募集数が少ないため、少しの人数の変動でも倍率が激しく上下動するのは確かなのですが、前の年に倍率が上がると敬遠されがちななか、市立大宮北（理数）が2年連続で1位の2・35倍でした。こちらは応募者数・倍率とも前年を上回っています。

2021年度応募倍率上位10校

1位	大宮（理数）	2.35倍
	市立大宮北（理数）	2.35倍
3位	川口市立（理数）	2.08倍
4位	市立浦和	1.90倍
5位	松山（理数）	1.75倍
	越谷北（理数）	1.75倍
7位	川口市立	1.73倍
	所沢北（理数）	1.73倍
9位	川越南	1.67倍
10位	市立川越	1.64倍

難関校に応募者が集まる傾向

また、4年前までは1位を維持していた大宮（理数）も2年前に続き、同率1位でした。

2021年度応募者数上位10校

1位	伊奈学園総合	834人
2位	川越南	599人
3位	浦和第一女子	495人
	浦和西	495人
5位	県立川越	486人
6位	川口市立	484人
7位	県立浦和	480人
8位	大宮	479人
9位	川越女子	461人
10位	市立浦和	457人
	春日部	457人

最新設備の校舎で人気を集める川口市立

同3位の川口市立（理数）も昨年の1・45倍から2・08倍に上昇、応募者も増やしました。同校は普通科も応募倍率7位に入っていて、普通科のなかでは市立浦和に次いで2位です。人気の高さがうかがえます。川口市立は併設中学を開校しましたが、こちらも人気を集めました。

普通科の応募倍率トップは3年連続で市立浦和でした。昨年は倍率を下げながらの1位でしたが、今年は倍率・応募者数とも増えています。

県内トップ校の県立浦和は4年連続で実倍率が上昇していましたが、今年は一転して1・47倍から1・26倍に緩和しました。県立川越も2年連続で実倍率が上昇していましたが今年は緩和しています。浦和第一女子、川越女子も実倍率を下げ、コロナ禍で安全志向が強まった影響かもしれません。

一方、共学校トップ校の大宮の普通科は2年連続で実倍率を下げていましたが、今年は1・28倍から1・48倍に上昇しました。

応募者数1位は伊奈学園総合 川越南が一気に2位に上昇

左上の表で示したのは応募者数の上位10校です。トップは募集規模の大きい伊奈学園総合が、今年も1位となりました。昨年は2年連続で減らしていましたが、今年は799人から834人に増えています。675人募集と規模も大きいため、応募倍率は1・24倍でした。

前年11位だった川越南が132人増え2位に順位を上昇させました。

浦和第一女子の応募者数は昨年とほぼ変わっていませんが、順位を7位から3位に上げています。5年連続で2位だった浦和西は2年連続の減少で4位に順位を下げました。5位の県立川越は順位を1つ落とし応募者も減らしましたが、6位の川口市立は100人近く応募者を増やしました。同校は今年度から学校選択問題を導入しましたが敬遠されることもなく、成績上位層からの人気の高さがうかがえます。

順位に多少の違いはあるものの、応募者数上位11校のうち7校が前年に続いてここに名を連ねています。

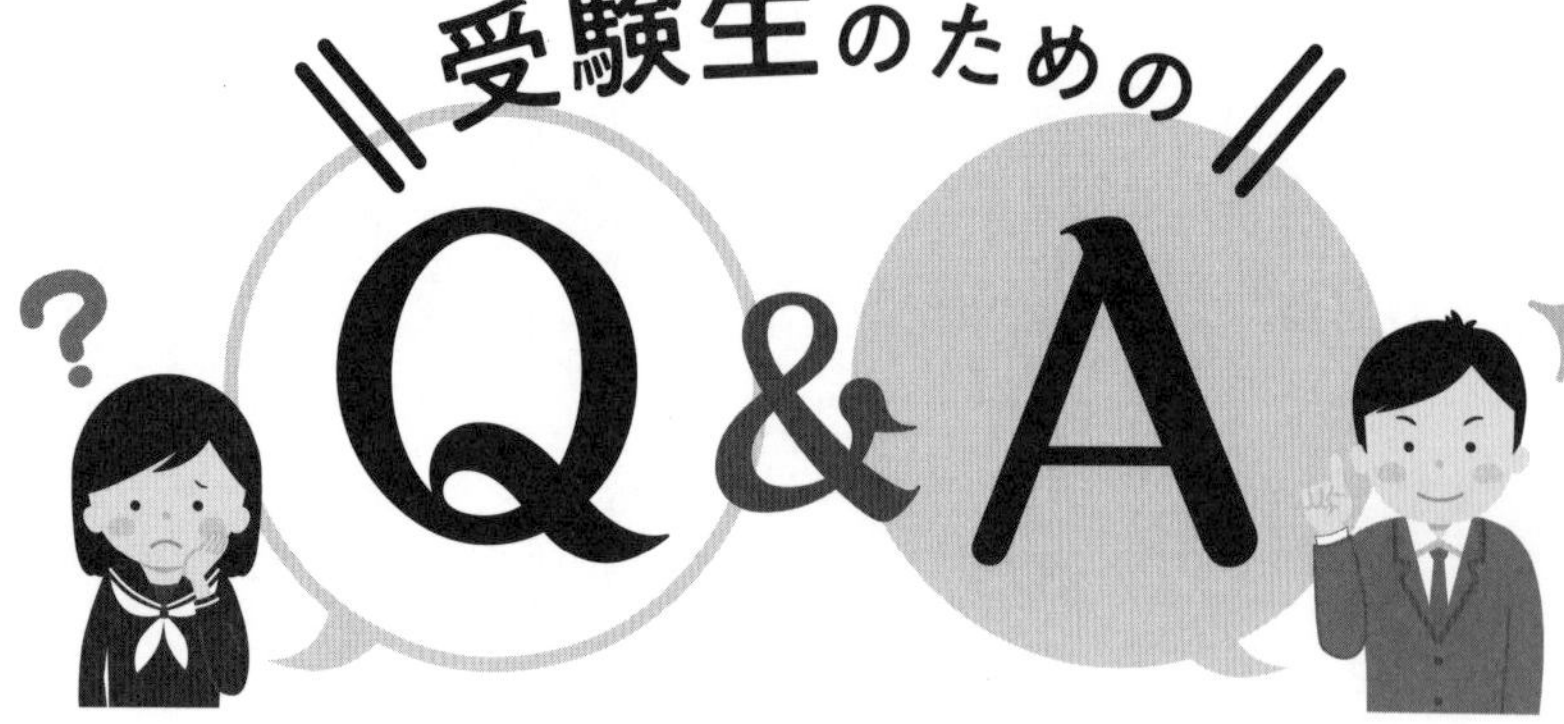

ものすごく緊張するタイプなので、入試の緊張感に耐えられるか心配です。

私は、以前から緊張しやすい性格で、落ち着こうとすればするほどおなかが痛くなってしまいます。当日も試験中に具合が悪くなり、途中で退出してしまうことになったらどうしようか、とても不安です。うまく緊張を和らげる方法があれば、知りたいと思っています。　（埼玉県さいたま市・TN）

緊張しているのはみんな同じです。もし具合が悪くなっても保健室受験ができるから安心を。

ご質問者は、過度の緊張により腹痛を感じる場合もあるとのことで、余計に心配されているのでしょう。残念ながら、「これをすれば緊張感が必ず和らぐ」というような、絶対的な方法はいまだ見つかっていません。ただ、入試で緊張するのは当然のことですから、まずは自分が緊張しているという事実を受け入れるところから始めてみましょう。

そして、緊張しているのは自分だけではないことを知るのも大切です。ほかの受験生も同じように緊張しながら入試に臨もうとしているのだと考えると、少し緊張が和らいできませんか？　むしろ「まったく緊張しない」という方が、入試への真剣さが不足しているといえるかもしれません。緊張するのは、真剣に入試と向きあっている証拠です。

それに、万が一具合が悪くなっても、保健室で継続して受験できる場合がほとんどですから、遠慮せず静かに手をあげて試験監督の先生に自分の状況を伝えてください。試験中にトイレに行きたくなった場合も同様に挙手をすれば大丈夫です。途中退席したことで入試結果が不利に作用することはなく、保健室受験で合格した例も多くありますから安心してください。

最後に1つ、緊張感を少しだけほぐせる方法をお伝えしましょう。それは深呼吸をすることです。肩の力を抜いて、腹式呼吸をしてみると、なんだか気持ちが落ち着いてきませんか？深呼吸を意識的に行えば、きっと落ち着いて問題に取り組めるはずです。試してみてください。

オンライン学習を見据えて、家庭ではどんな準備をしておけばいいですか？

娘がこの春から中学校に入学しました。コロナ禍の影響で、今後、学校や塾がオンライン授業を行うことが考えられると思います。その場合、家庭としてどのような準備をしたらいいのでしょうか。あまりICT機器に詳しくないので、教えてください。　（東京都あきる野市・KK）

オンライン学習にはスマートフォンよりパソコンがおすすめ。プリンターもあればなおいいでしょう。

オンライン学習が昨年の休校期間中に行われた例は多いようです。今後どのように推移するか不明ではありますが、オンライン学習にあたって必要な、必要最小限のICT機器について簡単にご紹介しておきます。

まず必要なのはパソコンです。スマートフォンも使えないことはありませんが、画面のサイズを考えると、小さすぎてオンライン学習には不向きでしょう。できればデスクトップ型かノート型のパソコンを用意したいところです。

パソコンの性能は、それほど意識しなくても大丈夫です。どのメーカー、どの機種でもほとんどオンライン学習に使用できます。ただ、学校や塾から配信された動画を視聴するだけでなく、学校や塾と、家庭とで双方向のやり取りをする場合は、WEBカメラが必要になります。

最近はほとんどのノートパソコンの画面上部中央あたりにカメラが内蔵されていますが、WEBカメラが内蔵されていないノートパソコンや、デスクトップパソコンを購入した場合には、外付けWEBカメラを取りつけることになります。カメラは汎用品であれば、数千円以内で購入可能です。

さらに、オンラインで提供される教材を実際に使う場合はプリンターがあると便利です。なにかを書き込む際は、やはり紙が使いやすいからです。これも特別なものである必要はなく、ごく普通のプリンターで十分です。設定や操作は非常に簡単ですから、中学生のお子さんであれば、適切に使いこなせると思います。

東《とう》京《きょう》農《のう》業《ぎょう》大《だい》学《がく》第《だい》一《いち》高等学校

東京　共学校

1

図のように，円周を8等分する点A，B，C，D，E，F，G，Hをとる。
これらの点から異なる3つの点を選んで結び，三角形を作る。
このとき，次の問いに答えなさい。

（1）二等辺三角形は何個できるか求めなさい。
（2）直角三角形は何個できるか求めなさい。
（3）二等辺三角形でも直角三角形でもない三角形ができる確率を求めなさい。

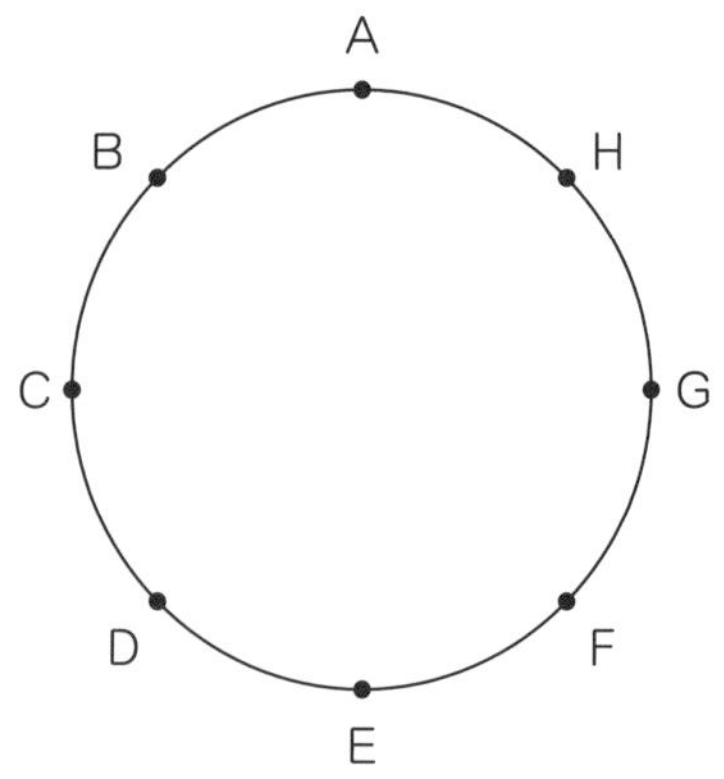

2

図のように，AB＝6，AC＝4の△ABCについて，∠BACの二等分線と辺BCとの交点をD，辺BCの中点をEとする。CからADに引いた垂線とADとの交点をF，ABとの交点をGとする。

このとき，次の問いに答えなさい。

（1）△AGF：△GBEを最も簡単な整数比で表しなさい。
（2）△AGF：△FECを最も簡単な整数比で表しなさい。
（一部省略）

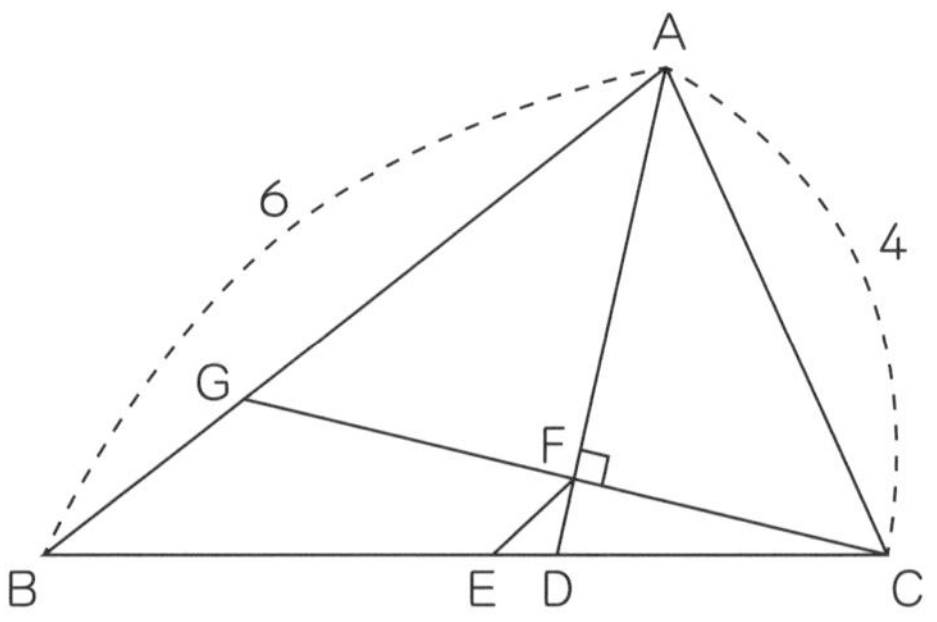

解答 **1**（1）24個（2）24個（3）$\frac{2}{7}$
2（1）2：1（2）4：1

●東京都世田谷区桜3-33-1
●小田急線「経堂駅」・東急世田谷線「上町駅」徒歩15分、東急田園都市線「用賀駅」・JR山手線ほか「渋谷駅」バス
●03-3425-4481
●https://www.nodai-1-h.ed.jp/

【学校説明会】要予約
6月 6日（日）14：00～
9月19日（日）14：00～
10月24日（日）14：00～
11月21日（日）10：00～
14：00～

レッツトライ！ 入試問題

専《せん》修《しゅう》大《だい》学《がく》松《まつ》戸《ど》高等学校

千葉　共学校

問題

次の各日本文の内容を表すように，（　）内の語（句）を並べかえたとき，空所 [1] ～ [12] に入る語（句）の番号を答えなさい。ただし，不要な語が１語ずつあります。

（1）昨日私が聞いた歌は，私を幸せにしてくれたよ。

The song _____ _____ [1] _____ [2] _____ _____.

（①listened　②became　③happy　④to　⑤me　⑥yesterday　⑦I　⑧made）

（2）そのサッカーの大会には毎回，100か国以上の国々が参加しているんだ。

More _____ [3] _____ [4] _____ _____ _____ time.

（①join　②the soccer tournament　③than　④in　⑤100 countries　⑥part　⑦every　⑧take）

（3）この部屋のパソコンは全く作動しないかもしれない。

The computer _____ _____ _____ [5] _____ [6] _____ all.

（①this　②out　③at　④not　⑤in　⑥room　⑦work　⑧may）

（4）僕は有名な野球選手に会えてとても興奮したよ。

I _____ _____ [7] _____ [8] _____ _____ baseball player.

（①so　②famous　③see　④excited　⑤because　⑥to　⑦was　⑧a）

（5）彼は若い頃からずっと，困っている人たちを助けてきたんだ。

He _____ [9] _____ _____ [10] _____ _____was young.

（①helped　②since　③need　④people　⑤has　⑥who　⑦he　⑧in）

（6）あなたの住む町がどれくらい美しいかを他の人々に教えることができますか。

Can you show _____ _____ [11] _____ _____ _____ [12] ?

（①people　②town　③how　④much　⑤is　⑥beautiful　⑦other　⑧your）

解答　[1] ④　[2] ⑧　[3] ⑤　[4] ⑥　[5] ⑧　[6] ⑦　[7] ④　[8] ③　[9] ①　[10] ③　[11] ③　[12] ⑤　（解答は弊社にて作成）

●千葉県松戸市上本郷2- 3621
●JR常磐線「北松戸駅」徒歩10分、新京成線「松戸新田駅」徒歩15分
●047-362-9101
●https://www.senshu-u-matsudo.ed.jp/

【学校見学会】要予約
7月23日（金）～25日（日）
8月20日（金）～22日（日）

【学校説明会】要予約
10月 2日（土）　11月 3日（水祝）
11月23日（火祝）　12月11日（土）

東京都●共学校

広《ひろ》尾《お》学《がく》園《えん》高等学校

１９１８年に順心女学校として設立、２００７年に改称、共学化された広尾学園高等学校。「自律と共生」を教育理念に掲げ、サイエンス教育と国際教育を軸に、３つのコースの生徒たちが切磋琢磨し合える環境を提供しています。今回は、インターナショナルコース統括長の植松久恵先生にお話を伺いました。

インター校や現地校と同等のハイレベルな授業

広尾学園は海外帰国子女受け入れ指定校として、長年にわたり語学教育の分野で高い実績を上げてきました。その歴史を受け継ぎ、国際性豊かな学習環境の中心となっているのがインターナショナルコースです。

インターナショナルコースは、英語だけではなく数学や理科、社会等ほぼ全ての授業を英語で行っています。これは、海外のインターナショナルスクールや現地校で学んできた生徒たちが、帰国後にギャップを感じずに教育を受けられるようにと始められたプログラムです。

また、授業の内容も、インターナショナルスクールや欧米の現地校と同等の水準でありたいと考え、どの授業もその分野に高い興味関心を持つ生徒に対応できるよう工夫をしています。

例えば、高校の英語の選択授業の一つであるMedia Communicationsでは、メディアがどのように社会を動かしてきたか、ある広告がなぜそのフォント、背景色、人物を選んだのかなどを深く考えます。その授業を通してＣＭクリエイターになりたいと考え始めた生徒もいました。

そのため、英語を用いて授業を行う外国人教員は各自高い専門性を持っています。

特に、アドバンスト・プレイスメント（ＡＰ）コースでは、微積分や物理・生物・化学、統計学、経済学等の科目で、海外大学の教養課程レベルの内容を教えています。２０２１年４月現在、そうした授業を担当する外国人教員は25人在籍しています。

活発なコミュニケーションとICTの活用

朝も昼も放課後も職員室の前では、生徒たちが教員に質問したり、授業のディスカッションの続きをし

インターナショナルコースの授業の様子

たりする姿がよく見られます。

また、生徒間のコミュニケーションの際の言語は、特に決まりを定めているわけではないのですが、英語での会話もよく飛び交っています。

同時に、課題の提出や委員会や部活動の連絡等ではICTも活用しています。

インターナショナルコースでは、MacBook Airを使用して調べ学習やプレゼンテーションを準備することによって、能動的な学習スタイルを身につけます。

課外活動にも積極的にチャレンジ

インターナショナルコースの生徒たちは、自分の興味関心を深める体験や、自分の力を試せるコンテストを各自で探し、積極的にチャレンジしています。

例年、授業で身につけた高い英語力と深い教養をもとに、海外大学主催のサマーキャンプや民間企業でのインターンシップ、スピーチコンテストやディベート大会等で実績を残しています。

学校としても、コンテストやインターンシップの情報を提供したり、機会を設けたりするなどしてサポートしています。

様々な進路を迷える贅沢

広尾学園のインターナショナルコースの一番の特徴は、進学先を日本国内にするのか、海外にするのかを迷えるところにあります。実際に、生徒の進学希望先の約6～7割が海外大学です。

そして、海外もアメリカに限らず、イギリス、カナダ、オーストラリア、シンガポール、ヨーロッパと贅沢に選択できます。

卒業生は例外なく自分の道を見つけて進んでいきました。

例えば、プログラミングが好きな生徒はアメリカの大学に進み、コンピューターサイエンスを専攻していますし、宇宙工学に興味があった生徒は在学中に探査機を打ち上げる会社にインターンシップに行く経験を積みました。生徒たちは各自、自分が何をやりたいのかを追究しています。

国際性豊かな学習環境で、ものごとの本質を追究することに魅力を感じるのであれば、ぜひ入学していただければと思います。

自分はどの学問に興味があるのか、その分野を追究するためにどういう経験をしたいのか、広尾学園で一緒に探しましょう。

インターナショナルコース統括長
植松《うえまつ》 久恵《ひさえ》 先生

スクールインフォメーション

所在地：東京都港区南麻布5-1-14
アクセス：東京メトロ「広尾駅」4番出口すぐ
生徒数：男子358名、女子466名
TEL：03-3444-7272
URL：https://www.hiroogakuen.ed.jp/

2021年3月　おもな合格実績

東京大	3名	早稲田大	67名
京都大	2名	慶應義塾大	50名
一橋大	3名	上智大	82名

Princeton University／University of California, Berkeley／University of Toronto／Imperial College London／University of Sydney／香港科技大

※大学合格実績は全卒業生のもので、帰国生のみの実績ではありません。

早稲田アカデミー国際部から

学校選びは情報収集から

受験校を選ぶ際に、正しい情報を入手することが重要であることは言うまでもありません。帰国生の場合は、進学校か大学附属校か、大学合格実績はどうかといった一般的な観点に加え、取り出し授業の有無や出願資格、入試における英語の出題レベルにも注目していく必要があります。

学校説明会や各校のホームページ、帰国生支援団体の学校資料集、学習塾主催のイベント等を活用し、信頼できる情報を集めていきましょう。

帰国生対象
学校説明会・個別相談会

早稲田アカデミーでは、例年、帰国生受け入れ校の講演や個別相談会を実施しています。昨年9月にはオンライン形式で開催しました。今年度の開催日程・形式についてはホームページにて公開いたします。
https://www.waseda-ac.co.jp/abroad/

知ってる？ 始まった「大学入学共通テスト」

中学生の未来のために！
大学入試ここがポイント

高校受験の舞台に上がる前に、その先の「大学のこと」を知っておくのは、とても重要なことです。大学受験は遠い話ではありません。そのとき迎える大学入試の姿を、いまのうちから、少しでもいいのでとらえておきましょう。

NEWS

大学入試に大きな変化 初めて共通テストを実施

みなさんは今年の1月、大学入試に大きな変化があったのを知っていますか。

ニュースでも大きく取り上げられていましたから、おそらくは「大学入学共通テスト（以下、共通テスト）」という言葉は聞いたことがあるでしょう。

昨年度まで実施されていた「大学入試センター試験（以下、センター試験）」に代わるものとして、この1月、初めて共通テストが実施されたのです。

もともとこの試験は国公立大学をめざす受験生の第一関門として用意されたものです。

原則的にはそのあと、国公立大学は各大学独自の個別試験を行い受験生の合否を決めます。近年では私立大学もセンター試験を利用することが許され、多くの私立大学が、この試験の得点を利用して合否を決めるようになっています。

センター試験から共通テストへの改革とは

では、センター試験から共通テストに改革されたことで、どんな変化があったのでしょうか。

１９９０年に始まったセンター試験は約30年間続けられてきたのですから、一定の評価は得ていました。

マークシート式でありながら「暗記だけでは解けない、考えさせる設問もある」と高校の先生方にも評価され、評判は低いものではありませんでした。

しかし、文部科学省（以下、文科省）では、これからの時代、「先行きが予想しづらい社会では、知識の量だけでなく、自ら問題を発見し、答えや新しい価値を生み出す力が重要になる」と考え、「思考力や判断力、表現力がより重視される学力」を評価できる新しい試験に衣替えする方針を決め、共通テストへと進みました。

高校学習の達成度を測り 大学教育を受ける能力を試す

ところで、一度原点に立ち返り、この試験の目的とはどんなものなのかも考えてみましょう。

もともとセンター試験は、大学に入学を志願する者の高校段階での基礎的な学習の達成度を判定し、大学教育を受けるだけの学力・能力が身についているかどうかを判断することが目的です。各大学がそれぞれ実施するには煩雑なことから、大学が共同して試験を行っています。

「まだ改革途上」これからの変更も

共通テストも、この目的は変わりません。

そして、学習指導要領が改訂されるときには、その趣旨をふまえ、出題教科・科目を変更して設定することとしています。

学習指導要領は、約10年に1度改訂されることになっています。

いまがちょうどその改訂時期にあたっており、高校の学習指導要領は来春の2022年度に本格的に改められてスタートします。

そして、今回の改訂は前述した通り、評価する学力が改められる大きな変革となりました。

当初、文科省は、共通テストではマークシート式に加え、国語と数学の一部に記述式の試験を導入する意向でした。

また、英語ではマークシート式のテストも当面残しながら、民間の検定試験を国が認定し、そこで得たスコアを入試に使う新たな仕組みを始める計画でした。

しかし、制度への不備や不安が多く指摘され、試験まで1年あまりと迫ってはいましたが、ともに見送りを決めました。

25年1月には科目数を刷新 教科「情報」の新設も

このように紆余曲折はあったものの、今年1月、初めての共通テストが行われました。

試験の内容はどうだったかというと、出題量は増えたものの予測されたような難化は見受けられず、知識偏重からの脱却をうたったテスト初年度ということもあって、受験生にとって取り組みやすい題材、基礎知識があれば読み取れる資料、判断しやすい選択肢が多かったといえます。

ただ、易しかったかといえば一概にそうとはいえず、内容・形式とも深い理解や、より高度な思考力・判断力を問うものでした。

英語のリーディングを含め、読解力を問うものが多く、資料を題材に、概要や要点を把握する力や必要な情報を読み取る力などが問われました。

なお、共通テストは2025年1月のテストから、出題教科・科目を刷新します。これは改められる高校の学習指導要領に沿ったものにすることが目的です。

現在の中学3年生が受験するテストからで、教科「情報」を新設するほか、地理歴史、公民、数学、理科の各教科を再編して、現行の6教科30科目から7教科21科目へと減らす方針です。

高校や大学などから意見を聞き、今年度内に結論をまとめる予定です。

東大入試突破への現代文の習慣

東大入試を突破するためには特別な学習が必要？　そんなことはありません。身近な言葉を正しく理解し、その言葉をきっかけに考えを深めていくことが大切です。田中先生が、少しオトナの四字熟語・言い回しをわかりやすく解説します。

早稲田アカデミー教務企画顧問
田中としかね

東京大学文学部卒業
東京大学大学院人文科学研究科修士課程修了
専攻：教育社会学
著書に『中学入試 日本の歴史』『東大脳さんすうドリル』など多数。文京区議会議員として、文教委員長・議会運営委員長・建設委員長を歴任。

田中先生の「今月のひと言」

作問者（クリエイター）の意図に気付くことが、答案作成の要です！

今月のオトナの四字熟語

閑話休題

この連載も14年目を迎えました。ということは、現在の読者である中学生の皆さんのなかには、連載が始まった当時、「まだ生まれていません！」という方もいるということですね。そして当時中学生だった読者の皆さんは、既に20代後半になっているということですよ！「一緒にオトナの教養を身に付けていこう」と呼び掛けていた生徒たちが、既に本当に大人になっているわけで、社会のさまざまな分野で活躍していると思うと感慨深いものがありますね。

さて、連載を振り返ってみると「最も繰り返し登場した言葉」というのが思い浮かびます。記事を書いている本人が「何度も使ってしまった」と自覚しているほどです。もちろん「四字熟語」や「言い回し」として取り上げた言葉というのは、基本的に「一度きり」の紹介になっていますので（例外は「岡目八目」です。内容を変えて二回登場しています）、ここで「繰り返し登場」というのは「解説の文章のなかに」という意味になります。いわば私の「口癖」になりましょうか。「決まり文句」のようにたびたび登場してしまう言葉が、今回取り上げた四字熟語の「閑話休題」なのです。

「この言葉を初めて見たのが『現代文の習慣』の文章の中です。最初はどういう意味だかわかりませんでした」と

いう生徒がいます。大げさな話かと思ったのですが、文化庁が行っている「国語に関する世論調査」で「閑話休題」が取り上げられた際の調査結果でも、五割近くの人が「意味がわからない」と回答していました。意味を正しく答えられた人の割合は三割を切っていましたからね。中学生にとってなじみのある表現だとは到底いえないでしょう。説明もなしに頻繁に使ってきた私も反省しなくてはなりません。そこで、あらためて用法を解説してみようと考えたわけです。

辞書的には「文章で、余談をやめて、話を本題に戻すときに、接続詞的に用いる語」という説明がなされています。「それはさておき」と、ほぼ同じ意味だと考えればいいでしょう。言葉の由来は、古代中国の長編小説『水滸伝《すいこでん》』の中にある表現だとされています。「閑話をとりて休題し」というものです。「閑話」というのは「暇にまかせてする無駄話」のこと。「休題」というのは「話すことをやめること」「話題を転ずること」になります。文章を書いていて、ついつい余談部分に筆が乗り、本題からかけ離れてしまった際に、余談を打ち切って本題に戻りますよ、という筆者の意思を明示するために使用される言葉なのです。簡単に言えば「無駄話はやめて話題を変えます」という意思表明になります。

「では、先生の書いている文章には無駄な部分が多いということでしょうか?」と、そう聞かれてしまうと返答に困るのですが(笑)、私の考えは「無駄だと思われる余談部分には大いに意味がある!」というものです。特に、生徒を前にして授業をしている際には「余談」を披露することに重要な意義があると考えているものですから。私の書く文章は、いわば「授業スタイル」(生徒が目の前にいるものとして、語り掛けるような)を心掛けていますので、「授業の構成」と似てきてしまうのだと思います。

では「余談の意義」とは何なのか。辞書にも事典にも載ってはいませんが、生徒の前に立って授業をするようになって30年が経過している私なりに、経験則として理解していることがあります。一つは、「本当に余談」を話す場合についてです。そこには、授業を受けている生徒の気分を変えるため、授業とはあえて関係のない話題を提供して、気持ちをほぐすという目的が設定されています。例えば、国語の授業の前に受けた数学の授業のインパクトがあまりに強すぎて、気持ちを引きずっているというケースです。そんなときに、国語の授業に気持ちを切り替えて、教室の雰囲気を一つにまとめる効果をもたらすのが「余談」なのです。緊張をときほぐし、リラックスした状態で授業を受けてもらうためです。授業の中身を伝える前の「下準備」という意味合いになりますね。そしてもう一つが、「余談」といいながら「知識と知識を結び付ける話題」を提供する場合についてです。これこそが「授業における余談」の本義になるのですが、これまでに学んだ知識と新しく学習する知識を、うまくつながるようなストーリーにして語ることが重要になります。目的はもちろん、生徒の頭の中に新しい「思考の回路」を開くことにあります。それによって記憶に定着させることを狙っているのです。思ってもみな

い「結び付き」を発見した！　と、生徒が驚くような授業が理想だと思っています。リラックスした状態で受けた感動を伴う授業というのを生徒は決して忘れない！　ということも、経験則として知っているのですよ。

今月のオトナの言い回し

クリエイター

「将来はクリエイターになりたいです！」という生徒に対して「何を創造したいの?」という質問で返してしまいました。「パティシエール（女性パティシエ：菓子作り職人）」になりたいです！」という生徒に対しては「頑張ってね！」と返したのですが。別に意地悪で質問したのではありませんよ。生徒が「クリエイター」にどんなイメージを持っているのかがわからなかったものですから。

「クリエイター」は「クリエイトする人」という意味であり、「クリエイト」というのは「創造する」という意味の言葉だからです。「創造する」というのは「新しいものを初めてつくり出すこと」という意味になりますので、生徒に「一体何を新しく生み出したいの?」と聞いてみたくなったのです。生徒の答えは「ゲームクリエイター」でした。コンピューターゲームの開発者になりたいということですね。他にもCMなどの広告の制作を手掛ける人や、作品を生み出す人すなわち作家や作曲家も「制作者」「創作家」という意味で「クリエイター」といえるでしょう。新しい創作菓子を生み出すのなら、パティシエールもクリエイターの一種であるでしょう。

「クリエイティブ（創造的）になるためには、どんな勉強をすればよいでしょうか?」という質問がきました。何かを覚えれば済む、という話ではありませんよね。クリエイターに求められるのは「明確な意図をもって、新しいものをつくり出そうとすること」です。そうした「姿勢」を学ぶことがとても重要になります。ゲーム開発者にも、パティシエールにも求められる姿勢ですよね。では中学生の間に、どんな準備ができるといいのでしょうか?

「クリエイターの意図を意識すること」に敏感になってください。ゲームをプレイするにしても、漫然と楽しむだけではなく、「どうしてこんな仕掛けになっているのだろう?」と、背後に存在するゲーム開発者の意図を探るようにするのです。開発者の視点を持つことが大切なのだといえます。国語の読解問題を解く際も同様です。テストの問題を作成している人物を意識しましょう。受験生よりも先に出題文を解釈して、それに基づいて設問をつくり上げている人物です。この存在を忘れてはならないのです。国語の読解で最も大切なのは、この「作問者」の意図を探ることなのです。「どうしてこんな問い掛けになっているのだろう?」という視点で、設問に向き合ってみてください。なるほどそういうことか！　と作問者の意図に気付くことが、答案作成の要であるということも理解できるはずですよ。

高校生から最難関大学合格を目指す場合、「早期にカリキュラム学習を終え、入試実戦演習の時間を確保すること」がとても重要になります。早稲田アカデミー大学受験部では、公立高よりもはるかに速いカリキュラムで学習を進めます。しかし、「ついていけないのでは……」という心配はいりません。講師の目が届く少人数制の授業で、ハイレベルな仲間と切磋琢磨しながら着実に力を伸ばせる。それが、早稲田アカデミー大学受験部です。

学びのシステム

「わからない」をつくらない復習型授業

早稲田アカデミーの授業では、新しい単元は講師が丁寧な「導入」を行います。大量の予習が課されることはありません。生徒が理解したことを確認して「問題演習」に入り、演習の後はしっかり解説。その日の学習内容を振り返ります。
また、毎回の授業で「確認テスト」を実施し、前回授業の定着度を測ります。理解を確かめながら“スモールステップ”で学習を進めるので、着実に力を伸ばすことができます。弱点が見つかった場合は、必要に応じて講師が個別に学習指導。「わからない」を後に残しません。

丁寧な導入
講師による丁寧な「導入」で理解を深め、「問題演習」へ進みます。

↓

担当講師による課題チェック
家庭学習や課題の取り組み状況も確認します。

↓

毎回の授業で行う確認テスト
確認テストで前回までの授業内容の理解度・定着度を測ります。

↓

弱点を克服するための指導
テストなどの状況によっては個別の課題を課し、弱点を克服します。

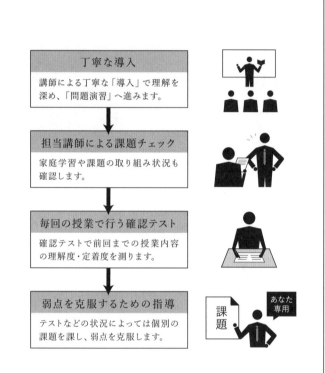

何かをしたい、をカタチにしたい。

中央大学杉並高等学校

〈共学校〉

●Address
東京都杉並区今川2-7-1

●TEL
03-3390-3175

●Access
JR中央線・東京メトロ丸ノ内線「荻窪駅」西武バス8分、西武新宿線「上井草駅」徒歩12分

2023年、都心に法学部が移転することでさらなる注目を集めている中央大学。その附属校の1つに中央大学杉並高等学校（以下、中杉）があります。

すべての生徒が高校から入学し、例年9割以上の生徒が中央大学へと進学する中杉ですが、その高校・大学7年間の伸びやかな環境のなかで、様々な教育実践が行われています。

模擬裁判選手権

そのうちの1つが模擬裁判選手権です。模擬裁判選手権は日本弁護士連合会が主催する、いわば「法廷甲子園」とでも呼ぶべき大会で、実際の裁判さながらに、各高校が弁護側、検察側に分かれ熱戦を戦わせていきます。

中杉は2017年から4年連続東京都代表となり（2020年はオンライン開催）、毎年、優勝あるいは準優勝に輝く強豪校として知られています。その強さの秘密について、中杉チームを指導する小泉尚子教諭は次のように述べています。

「本校は、他者と共に育ち共に創るという『共育と共創』を教育理念として掲げており、その理念通り、普段の授業でも様々な意見を戦わせるグループワークが盛んに行われています。他校の先生から、中杉は多様な視点から論理を構築しているので非常に攻めづらいと言われるのですが、それは普段の授業がそのまま生きているのだと思います」

右下のQRコードから模擬裁判選手権の動画を見ることができます。「法科の中央」といわれる中央大学の伝統が、中杉の「共育と共創」という実践の中でいきいきと息づいている様子を感じることができるでしょう。

CHUROS

中央大学には、グローバルな情報環境を法学によってデザインしていく日本初の「国際情報学部」があります。そこで必要となってくるのが、英語で物事を考えていく力です。中杉ではこのような時代の要請にこたえるべくCHUROSという独自の英語教育プログラムを立ち上げました。CHUROSはChusugi Round Systemの略で、その一番の特徴は、一度学んだ教材について、発表活動などのアウトプットを、時期をずらしながら繰り返し行うところにあります。これによって英語の定着度や発信力を伸ばしていくのです。

例を挙げると、"empathy"（共感）に関する英文をまず教科書で学び、その数か月後、この英文に関する面接テストを二人一組で行います。一方が悩みを話し、もう1人がそれに対し即興で「共感」を示します。もちろんすべて英語です。数か月前に学んだことを、アプローチを変えながらアウトプットしていくことで、いつの間にか実践的な英語力が身についていくというわけです。大学受験にとらわれない、高大一貫教育校らしい取り組みです。

数ある大学附属校の中でもとりわけ人気の高い中杉ですが、このような魅力的な取り組みに人気の秘密がありそうです。

その研究が未来を拓く

研究室にズームイン

国立天文台
東京大学宇宙線研究所
教授　大内《おおうち》 正己《まさみ》 先生

大型望遠鏡を使い初期の宇宙に迫る

中学生のみなさんにはあまりなじみがないかもしれませんが、日本には数多くの研究所・研究室があり、そこではみなさんの知的好奇心を刺激するような様々な研究が行われています。このコーナーではそんな研究所・研究室での取り組みや施設の様子を紹介していきます。今回は２００８年に古代天体ヒミコを発見された観測天文学者・大内正己先生の研究についてです。

画像提供　大内正己先生、国立天文台、ＮＡＳＡ、平山健氏

© 国立天文台

大内《おおうち》 正己《まさみ》

東北大学理学部卒業、東京大学大学院理学系研究科博士課程修了。理学博士。アメリカ宇宙望遠鏡科学研究所やカーネギー天文台で特別研究員などを経て、現在は国立天文台、東京大学宇宙線研究所教授。

「ヒミコ」。その名前を聞いて、みなさんはなにを思い浮かべますか。歴史の授業で学んだ邪馬台国《やまたいこく》の王でしょうか。多くの方はそう考えるかもしれません。

しかし、ここで紹介するヒミコとは、地球から130億光年先の距離にある天体（130億年前の天体）のことです。2008年の発見当時、大きなニュースになりました。それまでにも同年代の天体は発見されていましたが、ヒミコにはそれらとは異なる特徴があったそうで……。

今号では、そんな不思議な天体・ヒミコを発見した国立天文台・東京大学宇宙線研究所の観測天文学者である大内正己先生をご紹介しましょう。ヒミコ発見の経緯をみながら、どのように日々の研究に取り組まれているのかをお伝えします。

小学生のころに持った宇宙への興味

先ほど大内先生を観測天文学者と紹介しました。みなさんのなかには、「『天文学者』なんだから、宇宙を『観測』するのは当たり前なんじゃないの？」と思った方もいるかもしれません。そこでその疑問を大内先生にぶつけてみると「天文学者といっても、3種類の人がいます。実験を行いながら望遠鏡や、望遠鏡に取りつけるカメラなどの装置を作る実験天文学者、その装置を使って実際に宇宙を観測する観測天文学者、コンピューターでシミュレーションなどを行って宇宙の謎を解明しようとする理論天文学者です」と答えが返ってきました。

大内先生はアメリカ・ハワイに並んで設置されているすばる望遠鏡やケック望遠鏡などの大型望遠鏡を使って宇宙を観測、研究しているため観測天文学者というわけです。

「私がとくに興味を持っているのは初期の宇宙です。宇宙は、138億年ほど前に誕生したと考えられています。宇宙がどのように現在の姿になっていったのかを探っています」（大内先生）

こうした興味は、小学校1年生のときに生まれたそうです。きっかけは、クラスメイトたちの間で話題になっていた1冊の本。学級文庫に置かれていたその本は、地球誕生について書かれていました。「この本を読んだとき、とても感動しました。岩石の塊だった地球が、長い長い年月をかけて水や緑を持つ美しい姿になった。その途方もない時間とスケールの大きさに圧倒され、思わず涙が出たんです」と大内先生。

宇宙への興味は中学生のときに科学の専門雑誌を読んだことでさらに深まり、将来は天文学者になりたいという思いが芽生えたそうです。高校では数学や物理が得意で、大学では理学部で学びました。大学入学当初は、得意だったはずの理系科目の講義が、その専門性の高さから理解できないこともあったといいます。しかし、夢をかなえるため勉強に打ち込みました。その後、観測天文学者となり、現在も活躍されています。

望遠鏡の特性を活かして行う観測

ここからはいよいよヒミコ発見の

地球は天の川銀河のなかにあります。画像は、地球から見た天の川。　©国立天文台

この記事に出てくる天文学の用語

天体（68ページ）
宇宙にある星や銀河などの総称。

観測天文学者（68ページ）
望遠鏡を使って宇宙を観測し、宇宙を調べる研究者。

光年（68ページ）
光が1年かけて進む距離。130億光年先の距離に見える光は、130億光年前の天体ということを意味する。なお、光は1秒間に地球7周半に相当する距離を進む。

観測提案書（69ページ）
望遠鏡を使ってどのような観測を行いたいのかを書いたもの。望遠鏡を所有する天文台や観測所に提出する。

銀河（71ページ）
多数の星、ガス、ダスト（塵）などで構成される天体。

重元素（71ページ）
水素、ヘリウム、リチウム以外の元素。宇宙が誕生した当初はなかったとされる。

経緯やヒミコがどんな天体であるのかをみていきます。

　ヒミコにかかわる観測は、次のように計5回行われました。なお、カッコ内に記載しているのは、望遠鏡が稼働している場所です。

第1回：2005年10月29日～11月1日、すばる望遠鏡（アメリカ・ハワイ）
第2回：2007年10月11日～12日、すばる望遠鏡
第3回：2007年11月5日、ケック望遠鏡（アメリカ・ハワイ）
第4回：2010年9月9日～12日、15日～16日、18日、26日、ハッブル宇宙望遠鏡（宇宙）
第5回：2012年7月15日、18日、28日、31日、アルマ望遠鏡（チリ・アタカマ砂漠）

　この記録を見ると、4つの望遠鏡を使用したことがわかります。これはそれぞれの望遠鏡が持つ特性を活かしていることが理由で、例えばすばる望遠鏡は、ほかの望遠鏡と比べ広い範囲を見ることができます。

「第1回は悪天候の影響で予定の半分ほどのデータしか取れず、第2回を終えてやっとデータが集まったんです。じつは2006年にもすばる望遠鏡での観測を予定していましたが、ハワイで地震が起こって望遠鏡が故障し、中止となりました」（大内先生）

　公的機関の望遠鏡を使用する際は、あらかじめその望遠鏡を所有する天文台や観測所に「観測提案書」を提出する必要があります。世界には多くの観測天文学者がおり、それぞれが「観測提案書」を提出しているため、自分の研究が意義のあるものだと認めてもらい、観測の権利を勝ち取らなければなりません。

　しかし、せっかく観測できることになっても、大内先生がお話しされた通り、悪天候や災害などでうまくいかないこともあります。さらに、観測の予定は詰まっているため、たとえ十分なデータが取れなかったとしても、代替日を設けてもらうことはできません。そのときは、改めて「観測提案書」を提出するところから始めなくてはならないのです。

「『観測提案書』は認めてもらえないことも多いため、同時にいくつも提出しています。どの観測天文学者も自分の研究が最も意義があると思っているので、そのなかで選んでもらわなければならないのです。宇宙分野にはまだ解けていない謎がたくさんあり、取り組むべき課題は多いですが、そのなかで解ける可能性があり、かつ、おもしろい課題を見つ

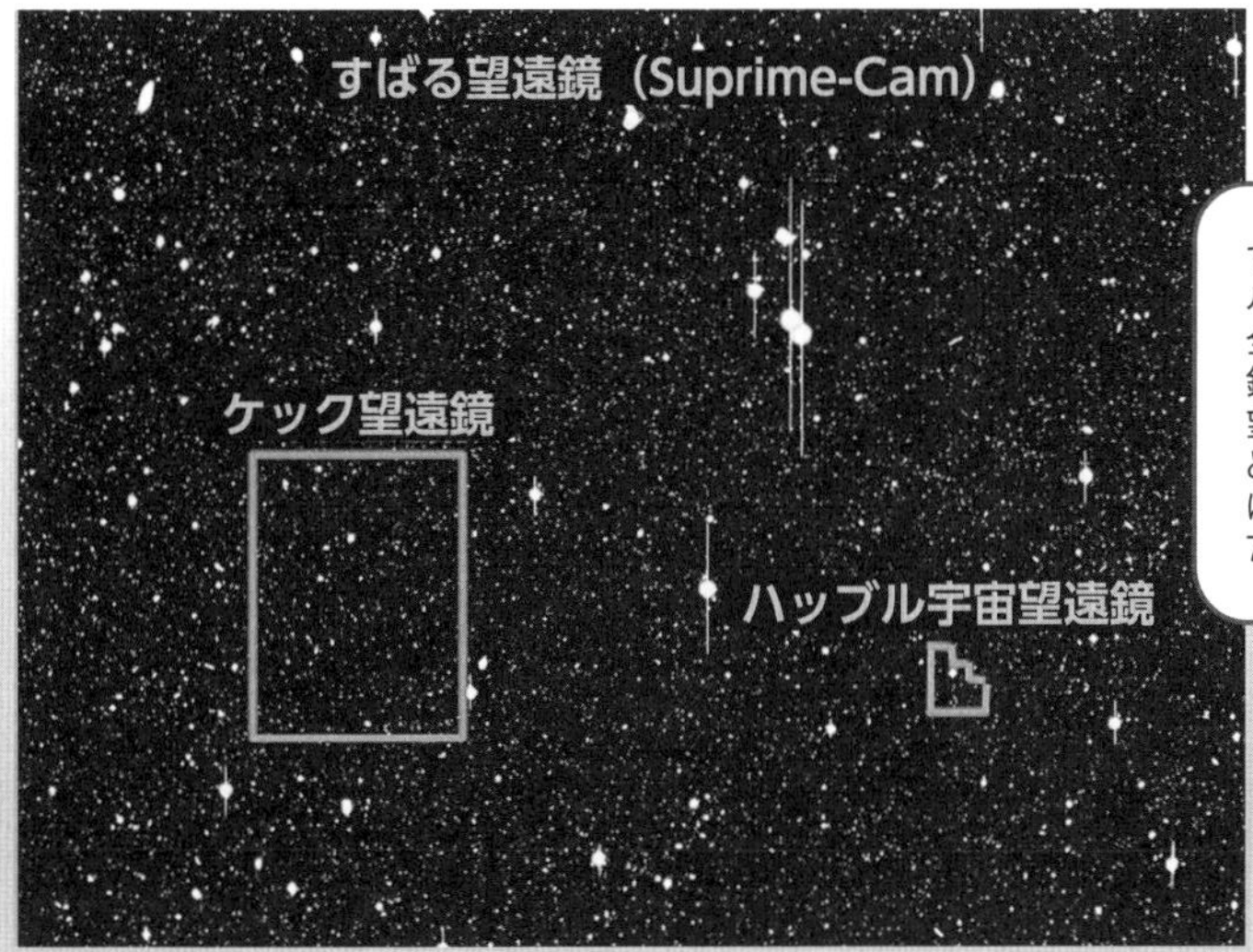

すばる望遠鏡、ケック望遠鏡、ハッブル宇宙望遠鏡の視野の比較。画像の全体が、ヒミコ発見当時のすばる望遠鏡の視野の広さであり、ほかの2つの望遠鏡と比べ広い範囲を観測できることがわかります。現在のすばる望遠鏡は、新しいカメラによって、視野がこの7倍になっています。

すばる望遠鏡（左端）とケック望遠鏡（中央、右端）はアメリカ・ハワイのマウナケア山頂に並んで建てられています。

けるのは、とても難しいです。さらに、そうした課題をほかの人よりも早く見つけ、答えを探り出さなければなりません」（大内先生）

膨大な数の天体から見つけ出した1つ

すばる望遠鏡を使った2回の観測で得られたデータにあったのはなんと28万６５１０個の天体。そのなかから１３０億年前のものである可能性を持つものは、２０７個でした。どの年代の天体かを判断するために重要なのは「色」とのこと。遠くにある昔の天体ほど赤っぽい色をしているそうです。

ケック望遠鏡は、すばる望遠鏡と比べて視野は広くありませんが、天体からの光を分析し、正確な距離、つまりどの年代の天体かを測ることを得意としています。しかし、すばる望遠鏡で見つかった２０７個の天体すべてを観測するには時間がいくらあっても足りません。１３０億光年という遠い遠いところにある天体を観測するには、その天体に長い時間望遠鏡を向けて光をとらえ続けなければならないのです。そのため、２０７個のなかから選び抜いた10個の天体を観測することにしました。

「じつは最初に作ったリストにヒミコは入れていませんでした。色については、１３０億年前のものと同じだったのですが、ほかの２０６個の天体、そしてそれまでに見つかっていた同年代のものと比べてひときわ大きく明るかったんです。古い年代の天体ほど小さくて暗いはずなのでなにかの間違いだと思いました。しかし、自宅に戻りベッドに横になっていても、どうも気になって眠れない。大きさ、明るさからみると１３０億年前のものとは考えられない、しかし色は間違いない……と考えをめぐらせ、ユニークな天体かもしれないし、どうせなら一番に観測しようと思い直しました」（大内先生）

ケック望遠鏡での観測が始まる日、ハワイはあいにくの空模様で、予報は雨でした。大内先生は全身の力が抜けるような思いを感じながら観測室で衛星画像の雲の動きを眺めていたそうです。すると、ハワイ上空に雲の裂け目ができ、3時間だけ観測が行えることに。その時間はすべて1つの天体（のちにヒミコと命名）のデータを取るために使いました。

観測終了後、持ち帰ったデータを解析して、距離を測ってみると、驚いたことに１３０億光年彼方にあることが判明。このことで、１３０億年前という宇宙の古代にある天体だ

ケック望遠鏡の観測室での様子。大内先生㊨が望遠鏡を操作するオペレーターの女性と話しています。

©ヒラヤマタケシ

宇宙に浮かぶハッブル宇宙望遠鏡。高解像度のデータを取得できます。

©NASA

と決定づけられたのです。

「解析結果を見たときは思わずイスから立ち上がり声をあげました。隣の部屋にいた研究者が心配して覗きにきたほどの奇声でした（笑）」と大内先生。

その後、「日本」「古代」「際立つ存在」「謎」をキーワードとして、その天体をヒミコと名づけました。

いまだ謎が多いヒミコ 今後の観測に期待

次に、はっきりとした画像を撮れるハッブル宇宙望遠鏡でヒミコをとらえたところ、３つの銀河が横一直線に並んでいることが判明。

さらにアルマ望遠鏡でも観測。アルマ望遠鏡は、ほかの３つとは異なり、重元素が出す電波を受け取ることができます。しかし、ヒミコからはこの電波がほとんど検出できませんでした。そのため、重元素が非常に少ないと考えられます。

重元素とは生物の身体を作っている酸素や炭素、地球などを構成している鉄やケイ素などのことで、宇宙が誕生したばかりのころにはなかったとされています。

そのように考えると、まさに初期の宇宙、誕生したばかりの天体を発見したということになります。

「ヒミコは、同年代の天体では見られない大きさ、明るさであること、そして３つの銀河が並んでいることなど、謎に包まれており、どうしてそのような特徴を持っているのか、色々な仮説を立てています。今秋（2021年10月）に打ち上げが予定されているハッブル宇宙望遠鏡の後継機、ジェイムズ・ウェッブ宇宙望遠鏡（JWST）が稼働すれば、その正体に迫れるのではないかと思います」（大内先生）

粘り強く観測を行い、固定観念を捨ててデータと向きあったからこそ発見されたヒミコ。今後、新しい観測によってどのようなことがわかってくるのか楽しみですね。

66台の望遠鏡を連動させることで、1つの大きな望遠鏡としての機能を持たせるアルマ望遠鏡。

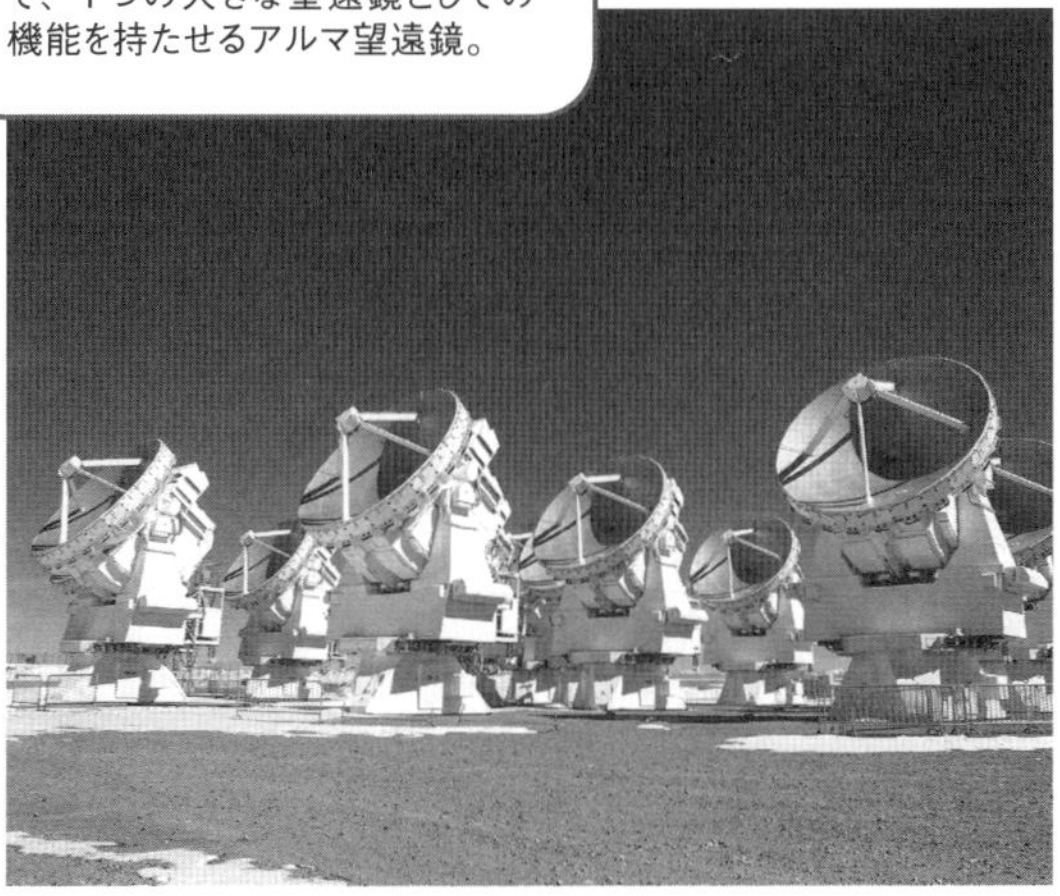

©ALMA (ESO/NAOJ/NRAO)

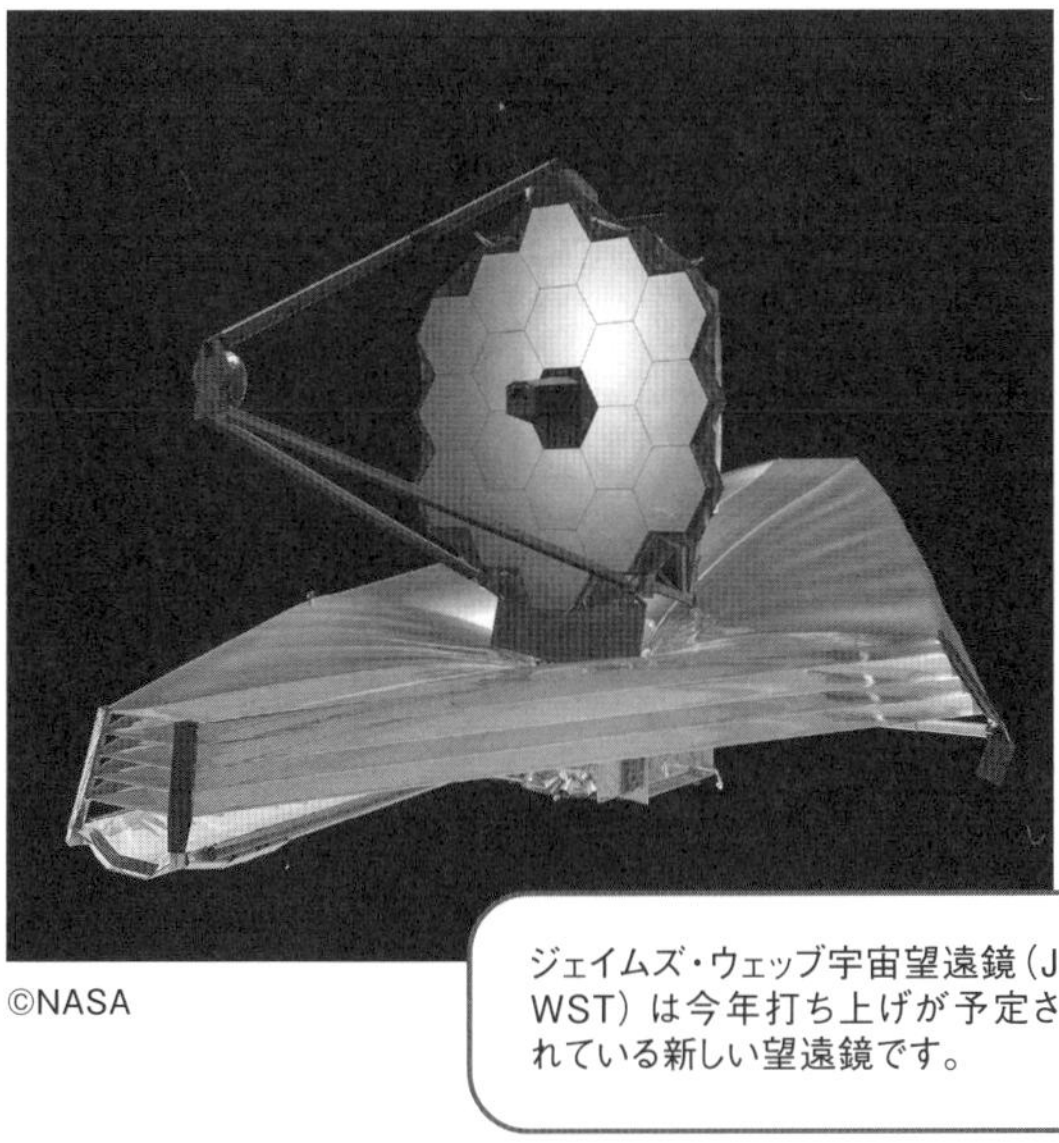

©NASA

ジェイムズ・ウェッブ宇宙望遠鏡（JWST）は今年打ち上げが予定されている新しい望遠鏡です。

「日本」「古代」「際立つ存在」「謎」を名前の由来に持つヒミコ。3つの銀河が一直線に並んでいます。

左の3つの画像のように、銀河には様々な種類があり、それぞれが個性を持っています。

渦巻銀河　©国立天文台

ヒミコ

©NASA/JPL-Caltech/STScI/NAOJ/Subaru

衝突銀河　©国立天文台

不規則銀河　©国立天文台

天文学者仲間と談笑する大内先生㊧

人工知能を活用し新たな研究を行う

さて、現在大内先生は、ここまで見てきた研究とは少し異なる新たな研究にも取り組んでいます。それが「機械学習」、人工知能を活用した研究です。

初期の宇宙を見ようとすると、お伝えしてきたように、はるか遠くにある天体からの光を、長い時間をかけて集めなければなりません。明るいとされるヒミコですが、それは130億年前の天体としては明るいというだけで、実際には街灯りのない山奥で見る月の出ていない夜空の100分の1ほどの明るさというから驚きです。そのため、大型の望遠鏡であっても、はるか昔の天体をとらえるのは、とても難しいことなのです。

そこで大内先生は発想を転換し、もっと観測しやすい距離に、生まれたばかりの天体がないかと探し始めました。その天体がどのような性質を持っているのか、それを知ることが、宇宙全体がどのように現在の姿になっていったのかを探るヒントになると考えたのです。

生まれたばかりの天体は特徴的な色をしています。膨大なデータのなかからそうした天体を見つけるための選別作業に人工知能を使いました。そして、昨年（2020年）ついに誕生したばかりの天体を見つけたそうです。

「今後は、人間が指示する作業だけを行うのではなく、人工知能自ら新しい天体を見つけてくるようなプログラムに成長させていきたいです。ずっと同じ研究の仕方をするのではなく、新しい課題を見つけ、それを足がかりにまた新たなことに挑戦する、そうした姿勢で日々の研究に取り組んでいます」（大内先生）

まだ気づいていない才能や能力がきっとある

中学生のころに夢見た天文学者として活躍する大内先生ですが、当時のイメージとは異なる部分もあったようで……。「中学生のときに抱いていた天文学者のイメージは、データをとったり計算ばかりするというものです。ところが、実際は文章を書いたり読んだりと、学生時代苦手だった国語が、じつは得意なのではないかと感じるほど、言葉を扱うことの方が多いです。また、いまでこそ日常的に英語を使っていますが、高校まで英語も大の苦手でした。しかし、研究者に必要なスキルだと考え、大学時代にラジオ英会話を聞いて猛勉強したんです。扱われていた表現はすべて暗記し、口をついて出るようにするという努力を積み重ねたからこそのいまがあります」と笑顔で話されます。

最後に、大内先生からみなさんにメッセージをいただきました。

「苦手教科があるみなさん。そのことだけで『自分はだめだ』なんて思わないでください。私のように仕事で使っているうちに楽しくなってしまうこともあります。そして、みなさんのなかには、まだ自分でも気づいていない才能や能力がきっとあるはずです。学校の外にはみなさんが知らない世界が広がっています。そこではやりたいことを発想する力や、困難に立ち向かう力、人と協力して作業する力といった教科の勉強以外の力も求められます。色々なことに挑戦して様々な経験を積み、新たな才能、能力を見つけてください」

せっかくの人生ですから、自分のやりたいことにどんどん挑戦してください。『失敗したら……』と不安かもしれませんが、やらないで後悔するよりも、どこまでできるか、まずはトライしてみてはいかがでしょう。

国立天文台
所在地：東京都三鷹市大沢2-21-1
URL：https://www.nao.ac.jp/

東京大学宇宙線研究所
所在地：千葉県柏市柏の葉5-1-5
URL：https://www.icrr.u-tokyo.ac.jp/

イメージ通り？　それとも意外？「東大での学び」を紹介します

この春、私は工学部4年生になりました。今回は新学期が始まり1カ月が経ったということで、東大の講義についてお話しします。

みなさんは東大の講義と聞いてどんなものを想像しますか？　大勢の学生が大きな教室で静かに講義を聞いている様子をイメージした人が多いかもしれません。もちろん東大にも、何百人も入る講義室で行われる講義があります。

しかし、意外と多いのが少人数での講義です。語学などは中高のように30人程度で受けることが多く、頻繁に発言も求められます。東大では英語のほか、第2外国語としてイタリア語、韓国語、スペイン語、中国語、フランス語、ロシア語のいずれかを選んで学びます。ちなみに私はスペイン語を選びました。さらに希望者は、第3外国語を履修でき、ここではアラビア語やペルシャ語など珍しい言語も選択できます。

ディスカッション形式の講義では、議論に参加するための予習が必要だったり、プレゼンテーションを行うことが多かったりするので、講義時間外も課題に追われていることがよくあります。私は入学当初、人前で発表するのが本当に苦手で、いつも声が震えていたのですが、回数をこなすうちに、アドリブでもある程度話せるくらいには成長しました。

多彩な科目を履修 研究室での活動も

必修科目以外に、自分の興味のある講義を受けることもできます。私は理系ですが、心理学やスポーツ栄養学、ジェンダー論、経済学など、専門とはまったく関係ない科目も履修していました。栄養学は部活動の食事管理などにも役立ち、とてもおもしろかったです。

また、東大は1・2年生は全員が教養学部で幅広い分野について学んだうえで、2年生後期に行う「進学選択」で3年生から各学部・学科に分かれていくシステムをとっています。その「進学選択」では、1・2年生の成績がよかった人から好きな進学先を選べるので、人気のある学部・学科に行きたい人は、戦略的に講義を選んでいるという話も聞きます。

そして、3・4年生になるとゼミや研究室に所属して、各自の研究をメインに行うようになります。学部・学科によって所属先が決まる時期は異なり、私のいる工学部都市工学科は例年5月ごろです。

所属後は、教授や先輩にアドバイスをもらいながら研究を進め、卒業に必要な論文を仕上げます。最近はどの講義もオンラインが中心ですが、研究は実験が必要なことも多いので、研究室に赴き、感染対策をしながら様々な活動をする生徒もいます。

東大の教授はたいていなにかの分野で功績を残している、ハタからみれば「すごい人」なのですが、フランクな人が多く、親戚のおじさん・おばさんのような感覚で学

私の周りの東大生

インターンシップで正社員さながらの仕事を体験

工学部精密工学科４年生Ｏくん

今月は、水泳部の主将を務めながら、研究室で卒業研究に取り組み、人工知能（AI）を開発する外資系IT企業でインターンシップ（学生が企業などで働く体験をすること）もしているＯくんを紹介します。Ｏくんがインターンシップを始めたのは半年ほど前。３年生になり、周りの同級生が就職活動をし始めたのを見て、自分が将来したいことを見つけたいと思ったそうです。インターンシップは一般的なアルバイトとは異なり、営業や企画など、正社員のような仕事をすることが多く、Ｏくんも顧客にプレゼンテーションを行うときの資料作成や、展示会の準備、システムの開発補助などを行っています。起業して７年程度の会社なので、人手不足もあり、大きな仕事を任せてもらっているそうです。

そんなＯくんが最近取り組んでいるのは、開発中のAIシステムの改善点や課題を見つける作業。そこで見つかった課題を、たくさんのエンジニア（※）が時間をかけて改良していくのだそう。自分が見つけた課題で、システム開発の方針が変わっていくことにやりがいを感じるし、未来の人々の生活に、自分がかかわったシステムが使われると思うとワクワクすると話すＯくん。確かに、こうした最先端の技術にかかわる体験は、大学で勉強しているだけではなかなかできないと思います。

活躍の場は社外にもおよぶ

会社の代表として、イベントで商品について他社の人に紹介するなど、様々な人とかかわる機会も多いようで、そこでの出会いや学びを自分の将来の選択にも活かしていきたいと話していました。そのほか、最近は金融工学にも興味が出てきたといい、新しい研究にもかかわる予定だそう。彼の部活動での仕事ぶりを見ていても、色々なことをきちんとこなしてくれるので、周りの人も信頼して仕事を頼めるのだと感じます。

AI企業が集まる展示会の、設営から運営までかかわりました

興味を持ったことにいざ挑戦したいと思ったとき、周りの人に協力してもらうのは意外と難しいものです。みなさんも、なにかチャレンジしたいことがあったら、まず自分のやるべきことにしっかりと丁寧に取り組んでみると、周りの人からも認められて協力してくれるかもしれません。私も目の前のことを、丁寧にきちんと取り組める人になりたいです。

※システムの開発や構築を行う人

はろくま
東大理科一類から工学部都市工学科都市計画コースへ進学した東大女子。趣味はピアノ演奏とラジオの深夜放送を聴くこと。

生とも気軽に話してくれます。私はこれから卒業論文のテーマを決めていくので、いままで学んできたことから興味のある分野を絞り、おもしろい研究をしたいです。

こうしてみてみると、東大生は厳しい大学受験を乗り越えて入学したあとも、結構まじめに勉強しないといけないことがわかりますね。クイズ番組で活躍している東

大生を見るたびに、きっとそれぞれの勉強も大変なのに、すごいなあと思っています。私も部活動と学業をしっかり両立してきちんと卒業できるように頑張ります！

キャンパスデイズ 十人十色

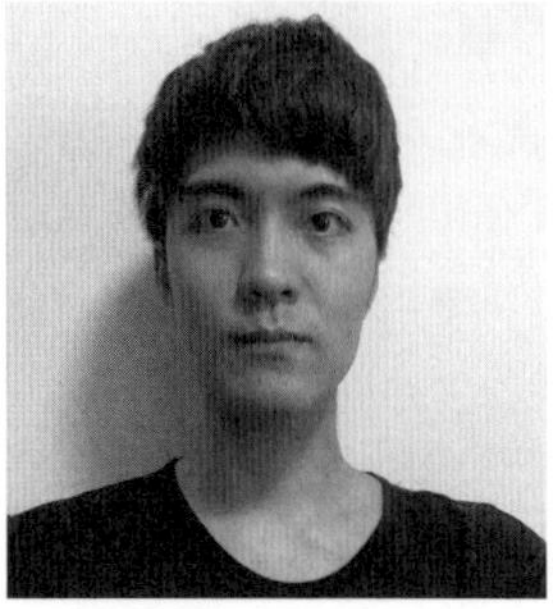

一橋大学

経済学部経済学科　4年生

佐藤《さとう》　俊文《としふみ》さん

お金の流れを様々な視点でとらえる
就職にも強い経済学部での学び

Q 一橋大学経済学部を志望した理由を教えてください。

中学生のころから経済、とくに明治時代以降の経済史に興味があり、大学で詳しく学んでみたいと考えていました。高校の先生に、一橋大学の入試問題（日本史）では明治時代以降が詳しく問われる傾向があり、その時代周辺を専門とする教授が多いと聞いたことから、この大学をめざすようになりました。

自宅が大学から近く、高校への通学路でいつもキャンパスを見ていたため、親近感があったのも理由の1つです。

段階的に学べる独自のシステム
オンライン講義も活用

Q 大学ではどんなことを学んでいますか?

おもに経済学について学んでいます。経済学とは、世の中の様々な出来事を、お金の流れを通して考える学問です。なかでも私が専攻しているのは「マクロ経済学」で、中央銀行が行う金融政策や、国家や自治体が行う財政政策など、とても大きな単位の経済活動を扱います。反対に、個人や家庭、企業の消費活動など比較的小さな単位の経済活動を対象とする「ミクロ経済学」という分野もあります。

一橋大学の経済学部には独自のシステムがあり、各講義には専門性に応じて番号が振られています。1年生での受講が推奨されている基礎講義は100番台、2年生以降向けは200番台と、おおむね学年に沿っている形です。

徐々に専門性の高い講義を履修していくスタイルが一般的ですが、1年生で400番台の講義を受けるなど、必修科目以外で興味のある分野を早くから学ぶこともできます。

3年生からはゼミに所属して自分の研究を少しずつ進めていきます。一橋大学は学生数が少なく規模が小さいので、こうした少人数制のゼミや講義が充実しているのも特徴です。私は現在、キャッシュレス決済を日本で普及させていくための過程について詳しく調べています。ゼミでは他大学で経済学について学んでいる学生たちとお互いに研究成果を発表しあう「インターゼミナール」にも参加したことがあります。

また、一橋大学は学部間の垣根が低く、他学部の講義も基本的には自由に履修することができます。私は経済学と関連する分野が多い商学部の講義を10単位ほど履修しました。

Q 印象に残っている講義はありますか？

400番台の「現代経済史」を1年生で受講したのはとてもいい経験になりました。元々興味を持っていた分野とはいえ1年生で受講するのは難しいだろうと思っていたのですが、高校で学んだ日本史などの知識を活かして課題やテストに取り組み、講義の内容を理解することができました。こうして専門的なことをどんどん勉強していけるのは、大学で学ぶおもしろさだなと思います。

また、2020年の春に初めて開講された「AI入門」も印象に残っています。コロナ禍のためオンライン講義となりましたが、プログラミングについての知識を学び、課題に取り組みました。これから社会に出ていくうえで必要な素養だと思うので、大学にいるうちに勉強できてよかったです。

Q 将来はどんな職業をめざしていますか？

経済学部で学んだ知識を活かして、金融系の職業に就きたいと考えています。一橋大学では、経済学部から大学院への進学は1割程度で、銀行や証券会社など金融系業種への就職が多いといわれています。

3年生の前半は6カ月の長期インターンに参加するなど、積極的に就職に向けた活動を進めてきました。大学の講義との両立は大変でしたが、オンライン講義はリアルタイムの配信だけでなく動画配信の形も多かったので、空いた時間をうまく活用しながら受講することができました。

Q 読者にメッセージをお願いします。

私は中高時代、勉強だけに注力せず、部活動や学校行事にも全力で取り組んできました。大学に入ってからも、サークル活動や留学、就職活動など様々なことにチャレンジする場面があります。

いま中学生のみなさんも、なにか1つに興味を絞らず、色々なことに挑戦してみてほしいです。

TOPICS

経済分野に進みたい人必見 勉強はどの教科もバランスよく

一橋大学の経済学部では、1年生で数Ⅲを学ぶ講義が必修になっています。分野にもよりますが、お金を扱う経済学は統計などを駆使することも多く、数学の知識は必須です。

また、充実した留学制度を利用して、1年生のときにオーストラリアへ5週間の語学留学をしています。現地の語学学校では、英語圏以外にも様々な地域から来た学生とともに学びました。金融系の職業は海外出張も多いので、将来こうした力は活きるのではないかと思います。このように経済の分野に進むと、多様な知識や能力が必要になります。経済に興味を持った方は、どの教科にも苦手意識を持つことなく勉強に取り組むようにしてみてくださいね。

1年生のときに一橋大学の留学制度を利用してオーストラリアで学んだときの写真

現在は就職活動であまり行けていないそうですが、テニスサークルにも所属しています

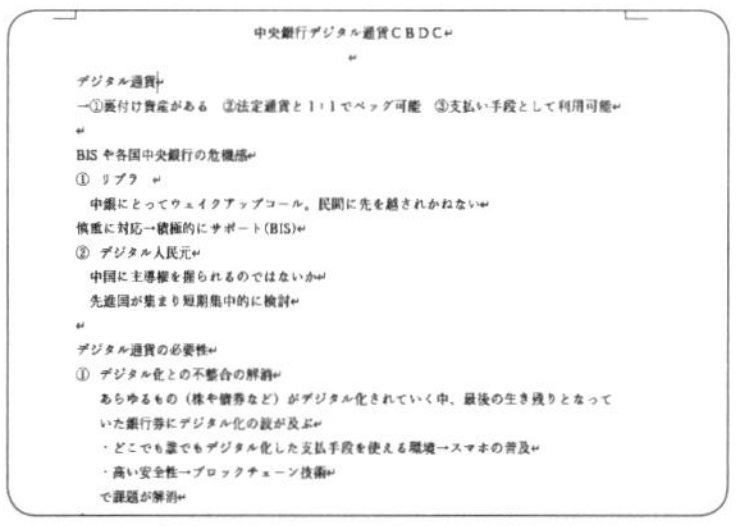

中央銀行デジタル通貨CBDC

デジタル通貨
→①裏付け資産がある　②法定通貨と1:1でペッグ可能　③支払い手段として利用可能

BIS や各国中央銀行の危機感
① リブラ
中銀にとってウェイクアップコール。民間に先を越されかねない
慎重に対応→積極的にサポート(BIS)
② デジタル人民元
中国に主導権を握られるのではないか
先進国が集まり短期集中的に検討

デジタル通貨の必要性
① デジタル化との不整合の解消
あらゆるもの（株や債券など）がデジタル化されていく中、最後の生き残りとなっていた銀行券にデジタル化の波が及ぶ
・どこでも誰でもデジタル化した支払手段を使える環境→スマホの普及
・高い安全性→ブロックチェーン技術
で課題が解消

講義中に学んだことは、整理してこのようにまとめておきます

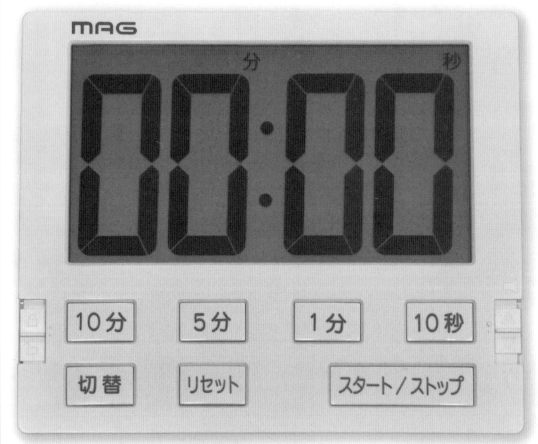

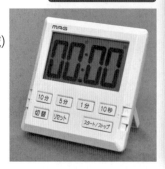

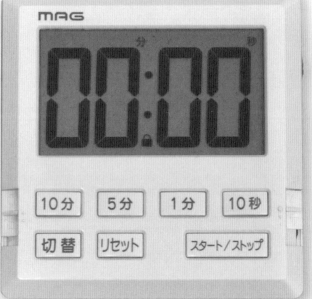

埼玉私学フェア2021

事前予約制（予定）

個別相談で自分の最適受験校を探す

※日程および内容は変更されることがあります。詳しくは埼玉県私立中学高等学校協会ＨＰでご確認ください。

当協会HP
QRコード

熊谷展 ２日間開催

7月31日㊏
8月　1日㊐

会場：キングアンバサダーホテル熊谷　3階
プリンス・プリンセス

川越展 ２日間開催

8月21日㊏
22日㊐

会場：ウェスタ川越　1階　多目的ホール

大宮展 ２日間開催

8月28日㊏
29日㊐

会場：大宮ソニックシティ　第1～5展示場

埼玉県内私立高校　※は中学校を併設

（参加校は会場によって異なります。ホームページでご確認ください）

青山学院大学系属	春日部共栄※	淑徳与野※	東野
浦和ルーテル学院※	川越東	城西大学付属川越※	武南※
秋草学園	慶應義塾志木	正智深谷	星野※
浦和明の星女子※	国際学院※	昌平※	細田学園※
浦和学院	埼玉栄※	城北埼玉※	本庄第一※
浦和実業学園※	埼玉平成※	西武学園文理※	本庄東※
浦和麗明	栄北	西武台※	武蔵越生
叡明	栄東※	聖望学園※	武蔵野音楽大学附属
大川学園	狭山ヶ丘※	東京成徳大学深谷※	武蔵野星城
大妻嵐山※	志学会	東京農業大学第三※	山村学園
大宮開成※	自由の森学園※	東邦音楽大学附属東邦第二	山村国際
開智※	秀明※	獨協埼玉※	立教新座※
開智未来※	秀明英光	花咲徳栄	早稲田大学本庄高等学院

ちょっと得する

読むサプリメント

ここからは、勉強に疲れた脳に、ちょっとひと休みしてもらうサプリメントのページです。
ですから、勉強の合間にリラックスして読んでほしい。
このページの内容が頭の片隅に残っていれば、もしかすると時事問題や、
数学・理科の考え方で、ヒントになるかもしれません。

使えるかな？ 公衆電話

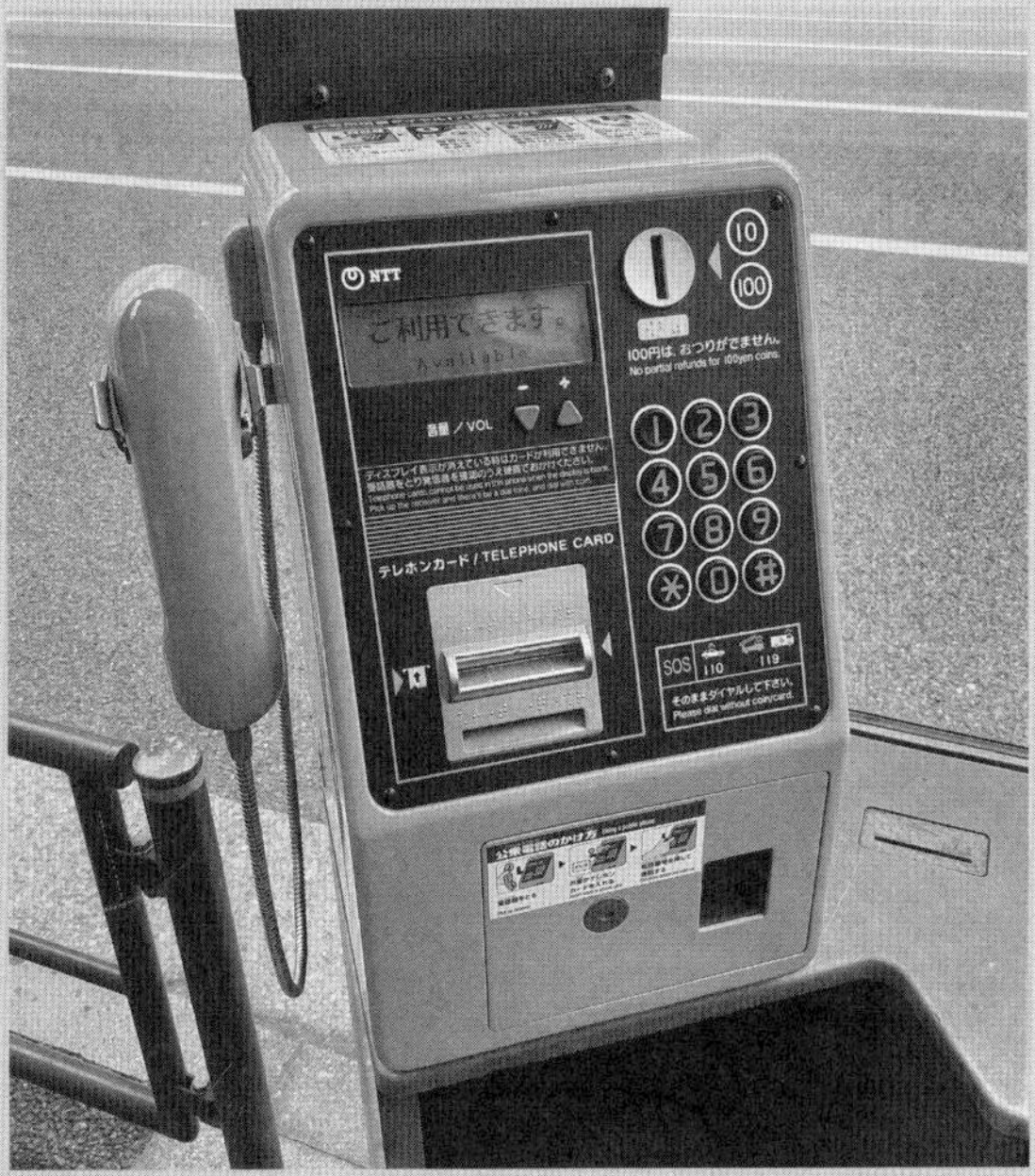

最近は見かけなくなった公衆電話だが、身近な公衆電話の場所は覚えておいた方がいい（東京・千代田区／撮影・本誌）

見かけなくなった公衆電話

最近はすっかり見かけなくなった公衆電話。みなさんは使うことができますか。

以前は大きな交差点ごとに電話ボックスがあり、またコンビニの店先などにも、公衆電話が必ず置かれていたものです。

多くは緑色で、10円硬貨、100円硬貨、またテレホンカード（テレカ）で使用できます。ただテレカは、現在では新たに製作はされていません。

携帯電話の普及で、全国的に公衆電話はピーク時（1984年度）の約６分の１の数に減っているとのことです。中学生のみなさんでも「公衆電話なんて一度も使ったことないよ」という人もいるのではないでしょうか。

公衆電話は、まず受話器を取り上げて耳にあて、「ツーッ」という電子音がしたら硬貨を入れ、発信音に変わったら相手の電話番号をプッシュするとつながります。通話を終えて受話器を置くと通話料金を差し引いた分の10円硬貨が戻ってきます（100円硬貨を入れた場合はおつりが出ません）。

災害時には優先的につながり大活躍

「そんなの覚えなくたって使わないから大丈夫」なんて言わないで、使い方ぐらいは頭に入れておいた方がいいですよ。

じつは災害時などは通話がいっせいに行われるため、つながりにくい事態が発生します。そんなときでも優先的につながるのが公衆電話。第一、災害時には携帯電話の電池切れが起こるのは必至でしょう。

「災害用伝言ダイヤル」が便利ですが、公衆電話には、その使い方のステッカーも貼ってあります。

いま、連絡先の電話番号は携帯電話に登録しておく人がほとんどですが、大事な連絡先はメモしておくといいですね。今度、公衆電話を見つけたら、その場所も覚えておくようにしましょう。

アメリカの探査車が火星着陸に9度目の成功

アメリカ航空宇宙局（NASA）のローバーと呼ばれる無人火星探査車「パーシビアランス」が無事に火星に着陸した。

じつはNASAが火星に着陸を成功させたのは今回で9度目。これまでを顧みれば火星まで到達できなかったもの、到達はしたけれど着陸できなかったものなど多数あるんだ。着陸を成功させるだけでも大変なことなんだね。

彼らは、いままで8回も着陸に成功し、自走型の探査車ローバーで火星の表面を調べてきた。当初の予想を大幅に上回る寿命を維持し、探査を続けたローバーもある。火星というと赤い惑星といわれるよね。赤く砂漠のような火星の状態を撮影した写真を何枚も地球に送信してきているからその写真を見たことがある人は多いと思う。

また、ローバーを火星表面に放出したあと、火星の軌道を回り続ける衛星となった機器からも多くの写真が送られてきた。地球からの望遠鏡撮影では得ることができない細かな火星表面の画像も手に入っている。

ローバーに搭載される探査機器にも次々と改良が加えられてきた。望遠や広角レンズだけでなく、色々な波長で撮影できるカメラや、地表の鉱物を採取して分析する機器などが用途に応じて開発されている。

太古の「火星の湖？」にピンポイントで着陸

さて、今回のミッションの一番の目的はなんだろう。

今回のローバーが着陸した場所は大昔には湖だったと思われているジェゼロ・クレーター。まさにその場所にピンポイントで着陸を成功させたんだ。

では、なぜこの場所が選ばれたのだろうか。そのカギは「水」。水の痕跡が見つかれば、かつては生命が存在したのではないか、という可能性につながる。ジェゼロ・クレーターには水が流れていたり、溜まって湖になっていたのではないかと考えられる地形が多く見られるんだ。

いままでの探査でも水の痕跡探しは続けられていたけど、今回はこのクレーターで岩石を採取し、それを火星上で分析するだけでなく、地球に持ち帰ろうという計画なんだ。

今回のローバーで集めた岩石試料を容器にたくさん保管し、その容器を10年後に着陸予定のローバーで打ち上げ、それを別の人工衛星で回収、持ち帰ろうという壮大な計画だ。

太古に火星の湖だったと考えられている場所の岩石を持ち帰ることでなにがわかるのだろうか。そこにいまはなくなってしまったけれど、水

マナビー先生

大学を卒業後、海外で研究者として働いていたが、和食が恋しくなり帰国。しかし科学に関する本を読んでいると食事をすることすら忘れてしまうという、自他ともに認める“科学オタク”。

の痕跡があるとなれば、微生物の化石など生命の痕跡も見つかるのではないかと期待されているわけだ。

長い間人々が抱いていた「地球以外に生命は存在するのか」という疑問の答えが、今度こそ見つかるかもしれない。

日本人技術者も参画 人類の歴史に残る仕事

NASAでは、世界各国の優秀な技術者6000人が働いているが、日本人の技術者も10人ほどが活躍している。

その1人が日本人の大丸拓郎さん（31）だ。子どものころから宇宙への夢を持ち続け、いまローバーの開発を担っている。

今回のミッションで最も重要な部分といえるサンプル回収装置の制御システムを担当しているという。

火星の大気はほとんどが二酸化炭素で大気圧は地球の160分の1しかない。大気が非常に薄いことで1日の気温の変化がとても大きく、高低100度以上の差にもなる。温度変化によって、ロボットアームの動きが鈍くなるときもあり、地球上では考えられないほどに、そのコントロールは難しい。

正確に作動させられるような調整と訓練は困難を極めた。でも「チームのみんなと協力して、なんとかやり遂げた」と大丸さん。

また「人類の歴史に残る大きな発見を成し遂げられるかもしれない大仕事。とてもやりがいを感じる」とも語っている。

NASAで働きたい、という目標を立て、様々な努力を重ねていま、その夢の場に立っている大丸さん。君たちだって夢を抱いて邁進《まいしん》すれば、彼のように世界を驚かせるミッションで活躍できるようになるかもしれない。

大丸さんは「人類の知的な境界を広げる火星探査は、希望を与えてくれる象徴。火星でローバーが新しい発見をもたらしたとき、それが、だれかに元気を与えてくれる存在になってほしいですし、子どもたちが昔の自分のように、宇宙探査を志すキッカケになれば、すごく嬉しい」と君たちの挑戦に期待しているよ。

火星で水の痕跡を探す重要任務 地球外生命の存在につながるか

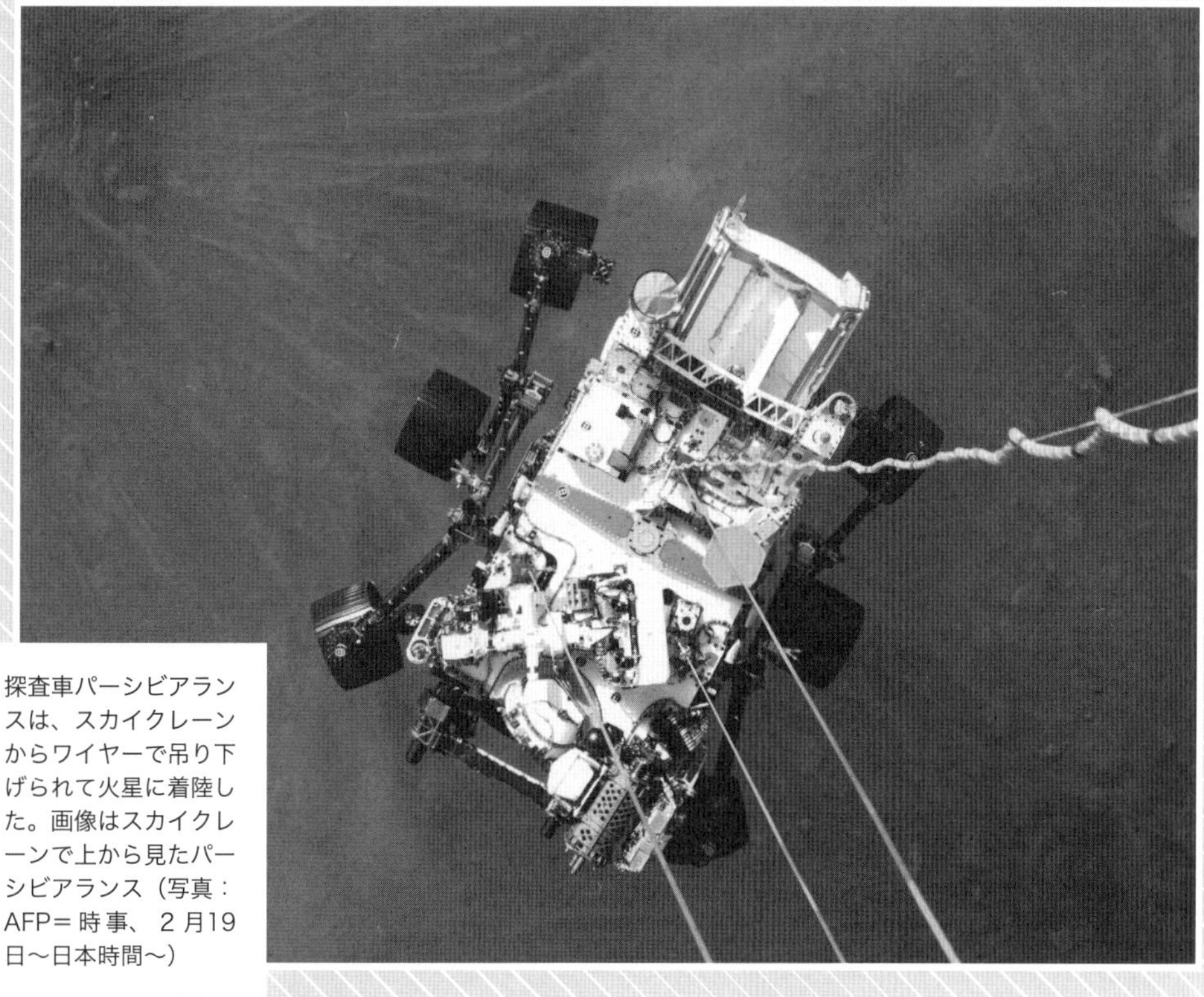

探査車パーシビアランスは、スカイクレーンからワイヤーで吊り下げられて火星に着陸した。画像はスカイクレーンで上から見たパーシビアランス（写真：AFP＝時事、２月19日〜日本時間〜）

【参考】https://www3.nhk.or.jp/news/special/sci_cul/2021/02/story/mars/

Why? What!

なぜなに科学実験室

人は「予測」に反した現象を目にしたとき、「えっ」と驚き、「もう一度見たい」、そして「なぜ？」という好奇心を抱きます。

そんな好奇心が新たな発見につながり、科学を発展させてきました。歴史上の科学者たちは、その「びっくり」を大切にし、科学の種を見逃さなかったんですね。ふとした一瞬、「あれ、ちょっと待てよ」と不思議に感じたり、「もう少し詳しく見てみよう」と立ち止まって見る先に科学の種が転がっています。当たり前と思っている現象でも、ちょっと角度を変えて見てみると、そこに大発見があるかもしれません。この「なぜなに科学実験室」は、身の周りにこそ科学を楽しむ種があることを感じていただくコーナーです。

今回のテーマは「空気が動くときの不思議２」です。前号（４月号）と合わせてお読みください。

空気が動くときの不思議２

みなさんこんにちわ。「なぜなに科学実験室」の案内役、ワンコ先生です。

今回の実験では、前号（４月号）に続いて「空気の不思議」を感じてもらいます。前回の実験では、空気が動くとき、その周りではなにが起こっているのかについて考えてみました。今回は、強く空気を動かして風を起こし、そのなかに球体をおいたらどうなるのかを実験してみます。

ワンコ先生

1 用意するもの

❶ドライヤー（家庭用）
❷ピンポン球
❸発泡スチロールのボール（直径10㎝程度）
※❷❸は100円ショップにあります。

この実験で、ドライヤーを使うときは「送風」か「冷風（cold）」で行います。
「温風（hot）」で、やけどすることのないようにしましょう。

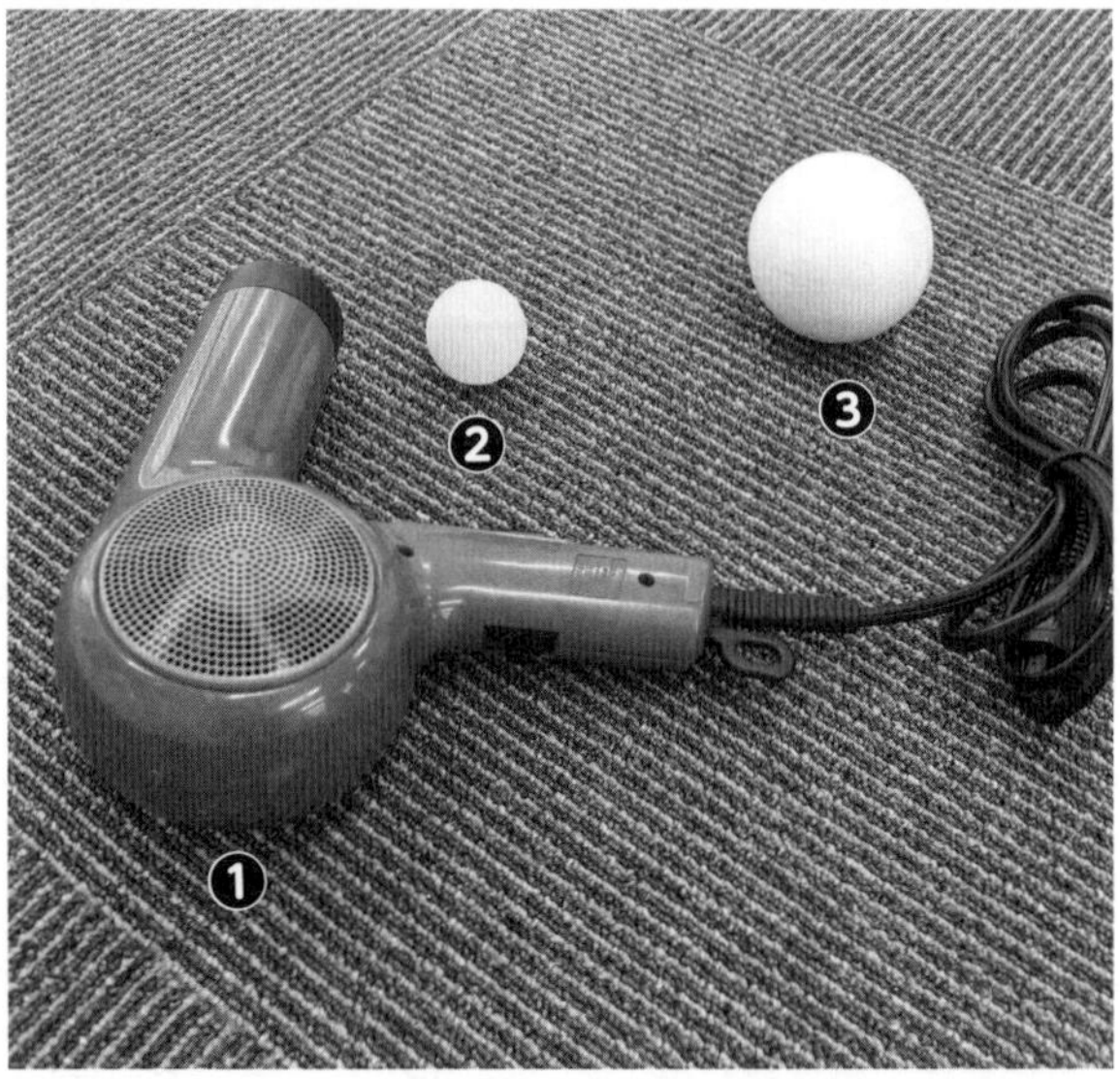

2 発泡スチロールのボールで実験

ドライヤーを送風にして上向きに風を送ります。風の中心にそっと発泡スチロールのボールをおくと、手を放してもボールは空中にとどまり、揺れながらも外側には落ちません。

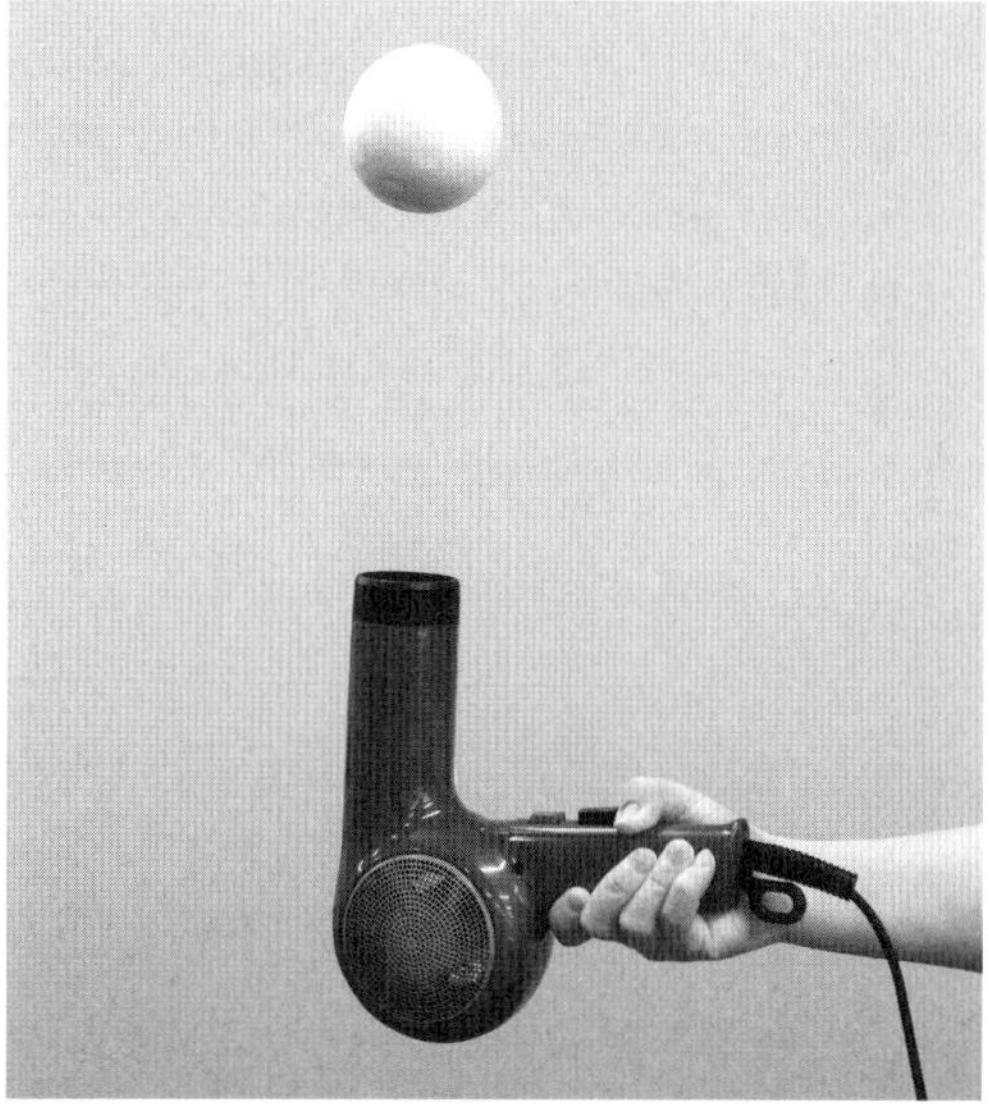

3 ドライヤーを動かしてみる

発泡スチロールのボールを空中に浮かせたまま、ドライヤーをゆっくりと左右に動かしてみます。ボールはどうなるでしょう。

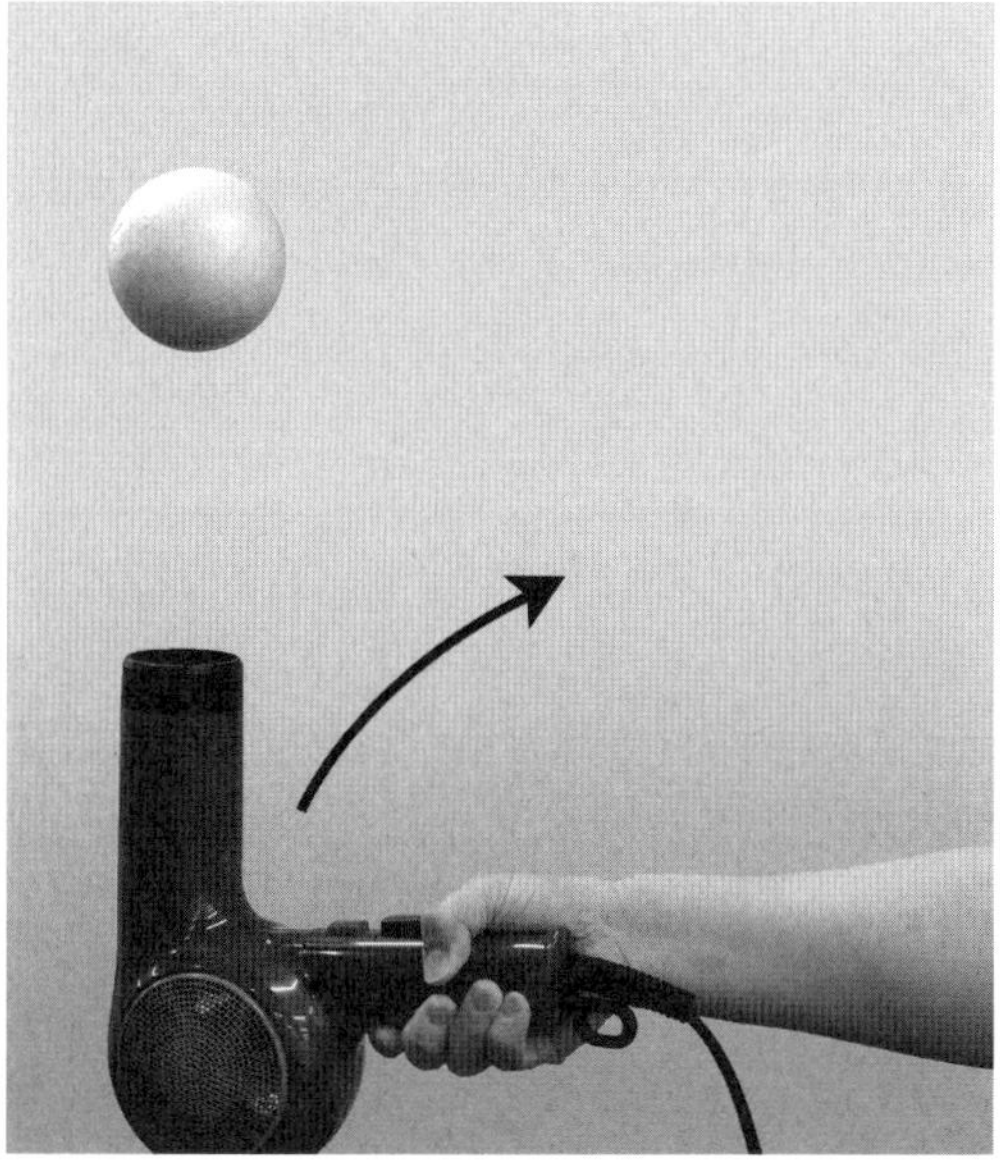

4 ボールは空中をついてくる

不思議ですね。ボールも空中に浮いたままドライヤーの風を追いかけてきます。少し動かすスピードを速めてみてもボールはついてきます。

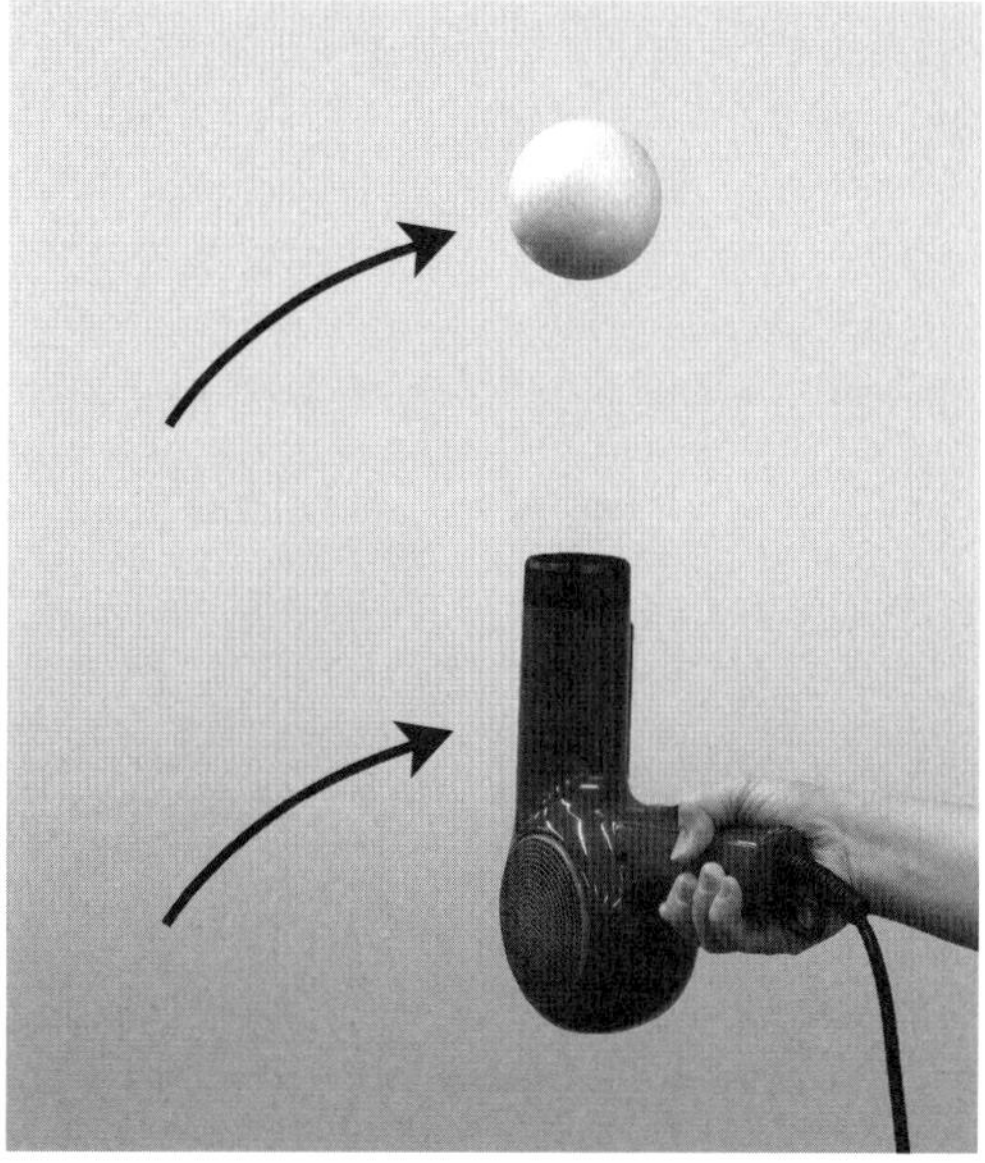

5 送風の向きを傾けてみる

そのまま、ドライヤーを傾けて送風の向きを斜めにしてみましょう。ボールは風の向きの先に浮かび、落ちることはありません。

※実際の動きは、87ページのQRコードから動画でお確かめください。

6 ピンポン球でも試してみる

同じボールでも、今度はピンポン球でやってみましょう。真上に送風して、ピンポン球をそっとおいてみると、やはり空中に浮いたままでゆらゆらと静止した状態になります。

7 ドライヤーを左右に動かすと

ドライヤーを左右に動かしてみますが、不思議とピンポン球も送風口の真上に位置するようについてきます。

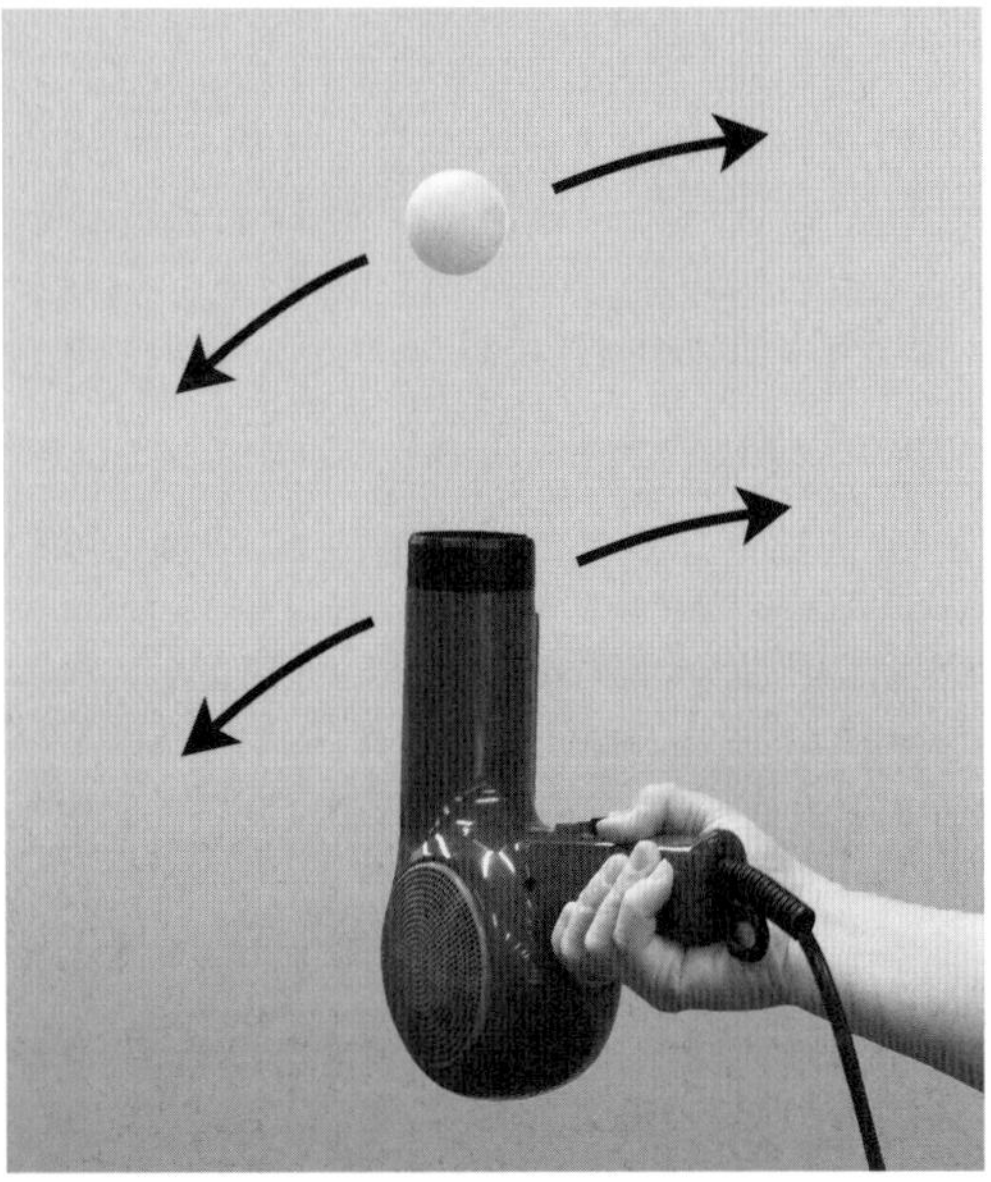

8 ピンポン球を指で押してみる

空中に浮いているピンポン球を指で押してみましょう。強く押してみても、ピンポン球は空気の流れから飛び出してしまうことはありません。

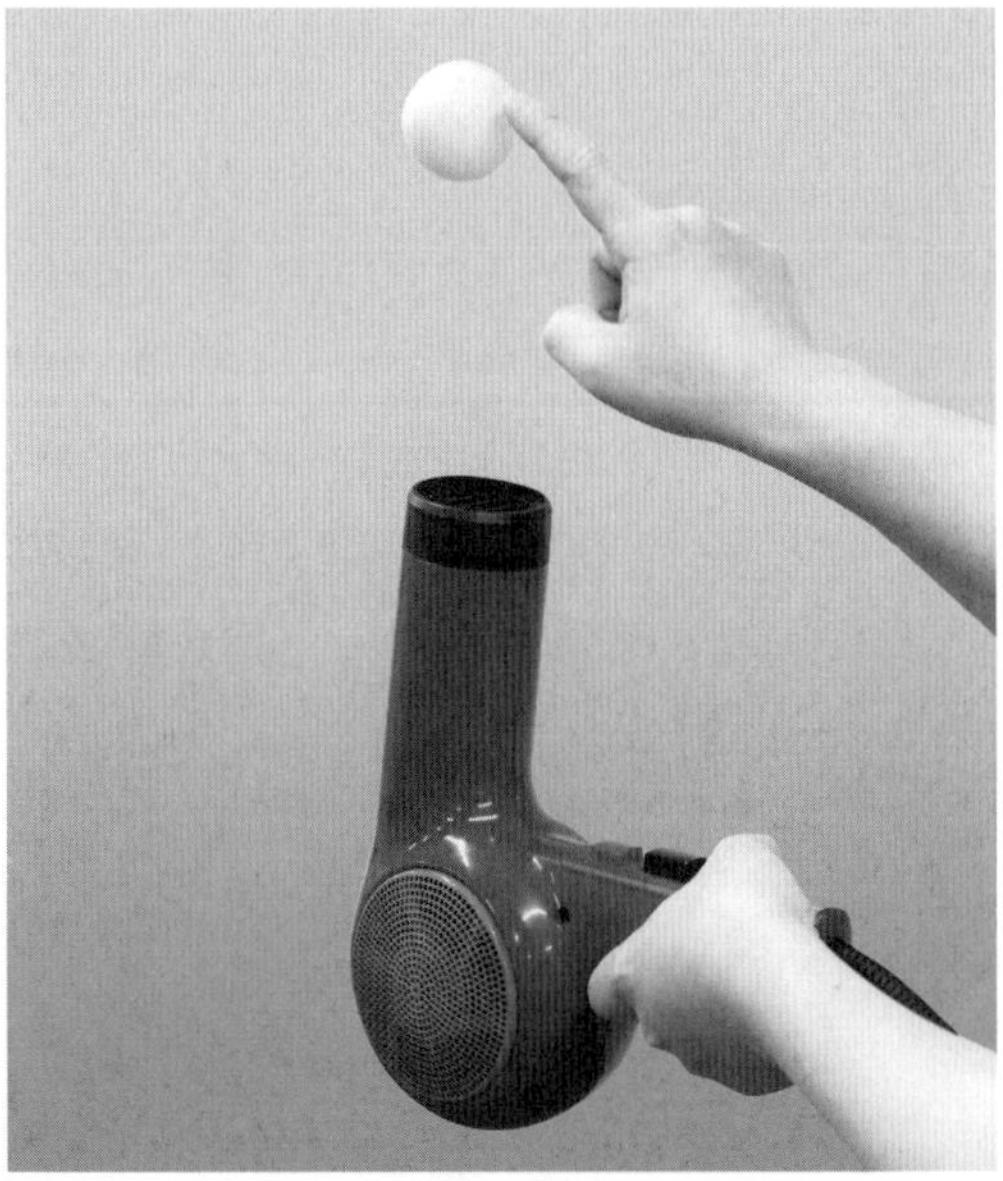

9 ピンポン球は斜めの送風でも平気

風が斜めに当たるようにしても、ピンポン球は空中にとどまっています。でも、もっとドライヤーを傾けるとピンポン球は落ちてしまいます。

解説 不思議の秘密は「流体の性質」にあり〈その2〉

空気も水や油と同じ「流体」です

この実験でみんなに興味を持ってもらいたいのは、前回に続いて「空気が動くときの不思議」です。

空気が動くことを日常生活で感じるのは、「風」を受けたときですね。今回ドライヤーで風を送る行為は、人が「空気を動かしている」ということになります。

動いている空気は「流体」の1つです。流体とは、気体、また水や油などの液体のように、少しの力を加えると容易に変形する物質のことをいいます。空気は目に見えないので、あまり意識することはありませんが、外力によって絶えずその形を変えています。

今回は、流体とそのなかにおかれた球体との関係です。

実験で確認した、発泡スチロールやピンポン球のように軽いボール（球体）が、空中で静止するには、外から加わる力と、球体の重さがつりあっている必要があります。

この実験の場合、球体が受ける力は重力以外には、おもに風（空気の流れ）から受ける力です。

そこで球体の周りの空気の流れについて考えてみたいと思います。

コアンダ効果とは

空気の流れが球体に当たると、球面に沿って空気が流れることがわかっており、これは「コアンダ効果」と呼ばれています。

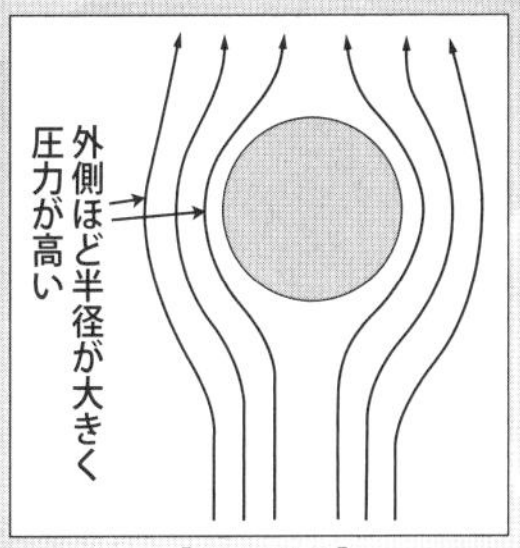

【模式図1】

コアンダ効果は、ルーマニアの発明家で航空力学の先駆者にして世界初のジェット機を製作した人物、アンリ・マリ・コアンダ氏（1886～1972年）の名前からつけられました。氏は、コアンダ効果による航空機製造の特許を所有し、同じ原理によるホバークラフトも発明しています。

空気の流れのなかに球体があると、空気はその粘性により球体を巻き込むように流れます。空気の流れは【模式図1】のように外側にいくほど半径（曲がりの大きさ）が大きくなります。空気は遠心力で外側に流れようとします。曲がりの外側にいくほど圧力が高く、内側ほど圧力が低くなります。ですから静止している球体が流れの外に飛び出ようとしても、外側の空気の圧力に負けて外には出られません。これを難しい言葉で「流線曲率の定理」といいます。

こうして、空気の流れのなかから球体は逃げられず、ドライヤーが起こす風（空気の流れ）のなかにとどまり続けるというわけです。

例えば浮かんでいる球体を指で押してみても、軽い力では、球体は中心部に押し戻されてしまいます。

斜めにしてもボールが落ちないのは

ドライヤーを傾けて、風の向きが斜めになっても球体が落ちてしまわないのも同じ原理です。【模式図2】のように、空気の流れが斜めになると、球体はその重みで落ちそうに思えますが、外側の圧力に負けて、空気の流れの中心付近に押し戻されてしまい、飛び出ることはありません。

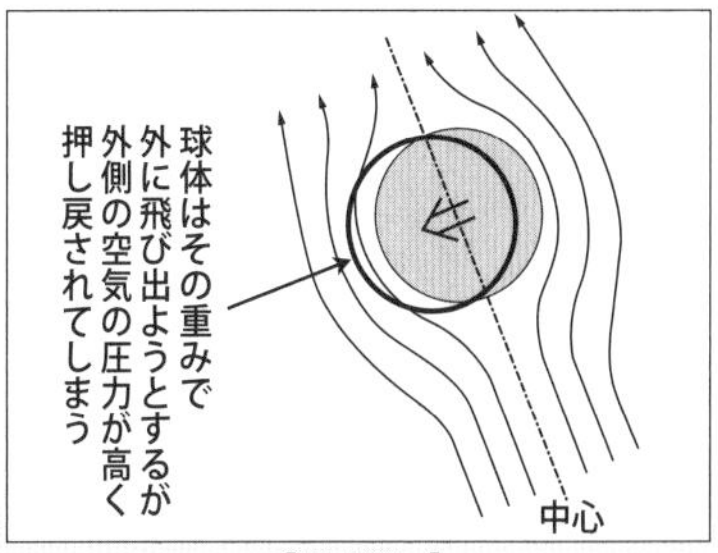

【模式図2】

しかし、もっとドライヤーを斜めに傾けて、角度が45度に近くなると球体の重みの方が勝り、球体は空気の流れから飛び出して床に落ちてしまいます。

水の流れのなかでも同じことが

コアンダ効果は流体のなかにおいた球体に現れる現象です。例えば、キッチンの水道の蛇口が「自在蛇口」や「首ふり蛇口」でしたら、すぐ実験できますので、次のことをやってみてください。

蛇口の真下にピンポン球をおいて、その中心に水流があたるように開栓し、強すぎない水量を出します【写真㊧】。

ピンポン球は水流のなかで動かずにいますが、蛇口を写真のように移動させると、その水流から離れずにピンポン球もついてきます【写真㊨】。

球面があると、その面に沿って流体が向きを変えて流れるというコアンダ効果は、様々な製品の原理に使われています。最近では「羽根のない扇風機」が注目されました。

動画はこちら▶

空気が動くときの不思議は、こちらの動画でご覧ください。

そうだったのか！

中学生のための経済学

山本謙三
オフィス金融経済イニシアティブ代表、東京大学教養学部卒、前NTTデータ経営研究所取締役会長、元日本銀行理事。

「経済学」って聞くとみんなは、なにか堅〜いお話が始まるように感じるかもしれないけれど、現代社会の仕組みを知るには、「経済」を見る目を持っておくことは欠かせない素養です。そこで、経済コラムニストの山本謙三さんに身近な「経済学」について、わかりやすくお話しいただくことにしました。今回は脱炭素社会に向けた２つの提案についてのお話です。

©まるまる／PIXTA

脱炭素社会に向けて

いま世界中で、脱炭素社会の実現に向けた取り組みが進められています。日本政府も、昨年「２０５０年までに温室効果ガスの排出量を実質ゼロにする」と表明しました。

温室効果ガスとは、メタンや二酸化炭素（CO_2）といった気体のことです。これらは量が増えることによって、本来ならば宇宙に放出されたはずの熱を地表近くに閉じ込め、気温を上げる効果（温室効果）を持っています。その代表的なものであるCO_2は、石炭や石油、天然ガスなどの化石燃料を燃やすときに発生します。地球が温暖化すると、氷山が溶けて島が水没したり、気候変動によって台風や洪水、干ばつが起きたりと、私たちの生活を脅かします。脱炭素社会の実現とは、温室効果ガスの排出を抑え、持続可能（サステイナブル）な社会を作ることです。

２０１５年に多くの国が合意したパリ協定は、「産業革命以前に比べ今世紀末までの気温上昇を2度未満、できれば1・5度に抑えることを目指す」としています。そのためには、２０５０年ごろまでに温室効果ガスの排出を実質ゼロにする必要があります。１人ひとりが節電を心がけ、自家用車での移動を控えるなどして、電力やガソリンの利用を少なくすることが大切です。同時に、経済学は、企業や家庭のCO_2削減に向けた努力が促されるよう、「動機づけ（インセンティブ）」を社会の制度に組み込むことを重視します。「動機づけ」とは、税金をかけたり、補助金を導入するなどして、人々が一定の行動をとりやすくするための工夫です。

２つの制度

CO_2の削減に向けて、経済学が提案する制度は2種類あります。

１つは「炭素税」で、原油や天然ガスなどに対し、炭素の含有量に応じて税金をかけるものです。導入すれば、おのずとガソリン価格や電気料金が引き上げられ、人々は脱ガソリンや節電への取り組みを加速するでしょう。納められた税金が、温暖化対策に用いられるメリットもあります。日本は２０１２年に「地球温暖化対策のための税」を設けましたが、まだ本格的な導入とはいえません。

もう１つは排出権取引です。まず国が段階的な温室効果ガスの削減計画に沿って、各企業にCO_2の排出枠（排出を許される枠）を割り当てます。企業は枠内に収めるよう排出量を削減しますが、超過しそうな場合には、枠に余裕のある企業から排出権（枠の余裕分）を買い取り、帳尻を合わせる必要があります。この制度のメリットは、排出権を他企業に高く売れることが動機となり、自社枠達成以上のCO_2削減努力が続けられることです。

地球温暖化は、私たち自身の生命や生活にかかわることです。１人ひとりがCO_2の削減を心がけるとともに、日本をはじめ世界がどのような対策を講じていくか、関心を持ってみていきましょう。

PICK UP NEWS
ピックアップニュース！

聖火リレーの出発式で走り出す第1走者の岩清水梓選手（手前左）ら「なでしこジャパン」のメンバー（2021年3月25日撮影　福島県楢葉町）写真：時事

今回のテーマ
聖火リレー

新型コロナウイルス感染症の世界的なまん延（パンデミック）のため、開催が１年延期された東京オリンピックの聖火リレーが３月25日、１年遅れでスタートしました。

121日をかけて、全国47都道府県を回り、開会式で国立競技場の聖火台に点灯される予定です。

聖火は昨年３月、古代オリンピック発祥の地であるギリシャで採火され、同月、宮城県東松島市の航空自衛隊松島基地に運ばれ、その後、開催が延期となったため、国内で保管されてきました。

今回のオリンピックは2011年に起きた東日本大震災からの復興を象徴する大会として、「復興五輪」とされ、聖火リレーのスタート地点は、東京電力福島第一原子力発電所近くの福島県楢《なら》葉《は》町と広野町にまたがるサッカー施設「Jヴィレッジ」となりました。スタート式典には橋本聖子大会組織委員会会長、丸川珠代五輪担当大臣、小池百合子東京都知事らが出席、2011年のサッカー女子ワールドカップで優勝した「なでしこジャパン」の当時の選手や監督ら16人が第１走者を務め、聖火の灯されたトーチを手に、スタートしました。

しかし、新型コロナウイルスの感染拡大が続くなか、聖火リレーそのものを疑問視する声も少なくなく、ランナーに予定されていたタレントや著名人などからも辞退者が相次いでいます。

このため、組織委員会はインターネットのライブでのリレー視聴をすすめていますが、沿道で実際に観覧する場合は、声援を控えるように要請、マスクを着用し、声ではなく、拍手で応援するように呼びかけています。また、観客同士の肩が触れあうような「密」の状態になった場合には中断することもありうるとしています。ランナーが聖火を引き継ぐ際は対面ではなく、横並びで実施することになっています。

さらに、新型コロナウイルス感染症のまん延が深刻化している自治体では、公道でのリレー禁止や、さらなる制限措置の検討もされており、順調にリレーが行われるかどうかは不透明です。

聖火は全国を回り、７月に東京都入りをし、開会式当日、国立競技場に入る予定です。この間、約１万人がリレーに参加します。

ジャーナリスト **大野　敏明**
（元大学講師・元産経新聞編集委員）

思わずだれかに話したくなる

名字の豆知識

第17回

今回は

松本

松本の松はどんな松の木？

全国15位の「松本」村落の松の木が由来か

15番目に多い名字は「松本」です。全国に約62万7600人いると推定されています（新人物往来社『別冊歴史読本　日本の名字ベスト10000』より）。熊本で3位、兵庫、和歌山、鳥取で4位、大阪、奈良、長崎で5位、愛媛で6位、石川で8位、福岡で9位、栃木、京都、島根で10位とおおむね西高東低です。

松本は地名姓です。村落に大きな松の木があって、その周辺を「松本」というようになり、そこに住んだ人々が名字としていったと考えられます。

日本の名字のベスト100のなかで、具体的な木（藤を除く）が登場するのは15位の「松本」、48位の「松田」、54位の「竹内」、83位の「杉山」、91位の「松井」、95位の「松尾」の6つだけです。「松」が4つ、「竹」と「杉」が1つずつです。いかに日本人の生活に「松」が多いかがわかります。

松は常緑樹で、岩をも砕いて根を張ることから、雄々しさの象徴ともされ、古代は神が降臨する神聖な木と考えられていました。枯れにくく高くなることから、村落では場所を特定する木としても重宝がられました。「村はずれの一本松」とか「地蔵わきの三本松」といった具合です。東京都の六本木は松の大木が6本あったことからついた地名との説もあります。

名字でも地名でも「松」の字は多い

「松」のつく地名も多く、頭に「松」のつく市だけでも松戸市（千葉）、松本市（長野）、松阪市（三重）、松原市（大阪）、松江市（島根）、松山市（愛媛）、松浦市（長崎）の7市もあります。

また、頭以外に「松」のつく市は東松島市（宮城）、会津若松市・二本松市（福島）、東松山市（埼玉）、小松市（石川）、浜松市（静岡）、下松市（山口）、小松島市（徳島）、高松市（香川）の9市があります。

「まつもと」には「松元」と書く名字があり

ます。これは鹿児島県に圧倒的に多く、同県では10位です。鹿児島県では「松本」が189位ですから、「松本」より「松元」の方がポピュラーであることがわかります。鹿児島では「本」を「元」と書く名字が多いのです。

大名には「松本」はいません。華族では男爵に2人、松本さんがいます。

そのうち松本良順《まつもとりょうじゅん》は幕末から明治にかけての医師です。佐倉藩（現・千葉県佐倉市）の藩医、佐藤泰然《さとうたいぜん》の次男で、幕府の奥医師、松本良甫《まつもとりょうほ》の養子になりましたが、長崎でポンペ博士に師事して西洋医学を学びました。戊辰戦争では幕府の軍医として従軍、敵味方の区別なく治療し、高い評価を受けました。維新後は名を「順」と改め、新政府に出仕《しゅっし》、軍医監、次いで初代の軍医総監となりました。1905年に男爵となり、貴族院議員にも選ばれています。ちなみに父の泰然は現在の順天堂大学の起源となった順天堂医院の創始者です。

もう1人は松本鼎《まつもとかなえ》です。周防国《すおうのくに》（現・山口県東南部）の農民の子に生まれ、萩の通心寺などで学んで釈提山と名乗りましたが、僧侶でありながら、吉田松陰《よしだしょういん》の松下村塾《しょうかそんじゅく》に学び、1863年の七卿《しちきょう》落《お》ちに際して、還俗して松本鼎と名乗りました。戊辰戦争に参加、のちに和歌山県知事や元老院議官などを歴任、1907年に男爵を授けられました。

歌舞伎界では松本幸四郎《まつもとこうしろう》が有名です。初代幸四郎の名字は「久松」といい、そこから「松本」としたのでしょう。ちなみに現在の10代目幸四郎の名字は「藤間」です。

長野県の松本城は松の木とは無関係？

長野県の松本市は松の木とは関係がないようです。この地は本来、深志《ふかし》と呼ばれており、城の名も深志城でした。ここは盆地の中心部で川の合流地点だったため、深瀬と呼ばれていたものが、深志になまったもののようです。その深志城の城主は小笠原氏でしたが、1550年、小笠原氏は武田氏に敗れ、深志を追われます。そして1582年、武田氏が敗れて小笠原氏が再び深志城に入り、松本城と改めたのです。

なぜ、松本城と名を改めたのかについては2説あります。1つは父祖の旧領の回復、本懐を待つこと30年ということで、本懐の「本」と「待つ」をひっくり返してつなげたというものです。もう1説は、小笠原氏の出身地は信濃国《しなののくに》（現・長野県、岐阜県の一部）の伊那・松尾で、そこには当時、小笠原家の分家がいたことから、こちらが松尾に対して本家ということで、「松本」としたというものです。

松本城は典型的な平城で、天守閣、櫓《やぐら》ともに美しく、国宝に指定されています。

ミステリーハンターQのタイムスリップ歴史塾

解体新書

いまから250年前、ある西洋医学書の翻訳作業が始まった…。その後の医学の発展や蘭学の進歩に影響を与えた『解体新書』について学ぼう。

静 今年は『解体新書《かいたいしんしょ》』の翻訳が始まってから250年だそうね。

MQ 日本で最初の西洋医学書の翻訳だね。

勇 『解体新書』ってなに？

MQ ドイツの医学者、ヨハン・アダム・クルムスが著した人体解剖書『解剖図譜《かいぼうずふ》』のオランダ語訳、『ターヘル・アナトミア』を日本語に訳したものだよ。

静 どういうきっかけで翻訳が始まったの？

MQ 中津《なかつ》藩（現・大分県中津市）の藩医だった前野良沢《まえのりょうたく》と、小浜《おばま》藩（現・福井県南部）の藩医だった杉田玄白《すぎたげんぱく》は『ターヘル・アナトミア』を手に入れ、1771年、現在の東京都荒川区にあった小塚原の刑場で、処刑された罪人の解剖に立ち会ったんだ。

勇 なんで解剖に立ち会ったの？

MQ 『ターヘル・アナトミア』の解剖図と実際の人体の構造が合っているかを確かめるためだ。

静 それまではそういう機会はなかったのね。

MQ 2人は『ターヘル・アナトミア』の内容があまりに正確なのに驚き、翻訳することにしたんだ。

勇 ということは、2人はオランダ語ができたの？

MQ オランダ語が少しできたのは前野良沢だけだったよ。

静 じゃあ、翻訳は大変だったんじゃない？

MQ その後、杉田玄白の後輩で、オランダ語を学んだことのある中川淳庵《なかがわじゅんあん》、医師で蘭学者の桂川《かつらがわ》甫周《ほしゅう》らも加わり、数人が翻訳に参加したといわれている。当時は辞書もないし、オランダ語の通訳は長崎にいて、わからないところがあっても聞くこともできないし、良沢のオランダ語力も乏しかったから、当初は暗号解読のようなものだったらしい。

勇 すごく大変そう！ よく翻訳できたね。

MQ 彼らは良沢の自宅に集まって、試行錯誤しながら3年かけて翻訳したんだ。そして1774年に完成、全4巻、解体図1巻の『解体新書』として刊行されたんだ。幕府にも献上されているよ。

静 すごい！ 時間はかかったけど、翻訳はうまくいったのね？

MQ これによって日本の医学は大きく進歩したんだ。翻訳の苦労話などは、1815年に杉田玄白が『蘭学事始《らんがくことはじめ》』という本で詳しく紹介しているよ。そして、解体新書が契機となって、のちに大槻玄《おおつきげん》沢《たく》は蘭学の入門書である『蘭学階《らんがくかい》梯《てい》』を著し、稲村三伯《いなむらさんぱく》は『ハルマ和解《わげ》』という日蘭辞書を出すことになる。こうして、江戸後期には蘭学を学ぶ人が増えていったんだ。

ミステリーハンターQ（略してMQ）

米テキサス州出身。某有名エジプト学者の弟子。1980年代より気鋭の考古学者として注目されつつあるが本名はだれも知らない。日本の歴史について探る画期的な著書『歴史を掘る』の発刊準備を進めている。

山本 勇

中学3年生。幼稚園のころにテレビの大河ドラマを見て、歴史にはまる。将来は大河ドラマに出たいと思っている。あこがれは織田信長。最近のマイブームは仏像鑑賞。好きな芸能人はみうらじゅん。

春日 静

中学1年生。カバンのなかにはつねに、読みかけの歴史小説が入っている根っからの歴女。あこがれは坂本龍馬。特技は年号の暗記のための語呂合わせを作ること。好きな芸能人は福山雅治。

身の回りにある、
知っていると
役に立つかもしれない
知識をお届け!!

サクセス印のなるほどコラム

ナルコレプシーって、なに？　その1

先生：今日のキミ、授業中、すごく眠そうだったね。

生徒：なんか、最近眠いんだよね。

先生：夜更かしをしてるんじゃない？

生徒：う〜ん。そんなに寝る時間が遅いわけじゃないと思うんだけどなあ。

先生：どうしたの？　具合でも悪い？

生徒：とにかく眠いんだよ。

先生：病院で診てもらった方がいいかもね。

生徒：いいよ。どうせ、たるんでるとか、だらしがないとか、怒られるんだろうし。

先生：睡眠障害かもしれないよ？

生徒：睡眠障害？　それってなに？

先生：様々な原因により健やかな睡眠が妨げられている状態のことだよ。なかには脳の病気が原因で起こることもあるんだ。例えば、ナルコレプシーって聞いたことない？

生徒：初めて聞いた。ナレコレプシー？

先生：いや、ナルコレプシー。日中、過度の眠気があって、多くの場合、いくら睡眠をとっても眠気がいっこうに軽減しないという症状らしいんだ。

生徒：本当に？

先生：そうだよ。これを患っている方々の多くは、時刻を問わず、前触れもなしに、コントロールできない突然の眠気（睡眠発作）に襲われてしまうっていうんだから、日常生活に支障が起きてもおかしくはないわけだ。

生徒：まさか、歩きながら寝ちゃうとか？

先生：そういうこともありえると思う。しかもこの発作は1日に何度も起こることもあれば、2、3回しか起こらない日もあるらしい。それに、目が覚めたと思うとまたすぐに寝てしまうこともあるというから、かなりつらい病気だよね。

生徒：それは大変だね……。

先生：じつは、先生の昔の教え子で実際にいたんだよ。

生徒：ナレコレプシーにかかってた人？

先生：ナルコレプシーね……（苦笑）。

生徒：どんな感じだった？　だって、授業中とか寝ちゃうってことだよね？

先生：それがさ、ぼくの授業では起きてるんだよ。

生徒：先生のつまんない授業中に起きてたってこと？

先生：“つまんない授業”は余計じゃない？

生徒：言い過ぎた（笑）。

先生：ひどいなあ。

生徒：じゃあ、どうやってその生徒がナルコレプシーだってわかったの？

先生：あるとき、この生徒が長期にわたって学校を休んだんだよね。そして、次に登校したときに笑顔でひと言、「今日、病院から来たんです」って言ったんだよ。

生徒：それだけ？

先生：もちろん、間髪入れずに聞いたよ。「どこか具合が悪いの？」って。

生徒：そしたら？

先生：「頭」って笑顔で返すんだよね。でもすぐさま、「じつは、ぼく、すぐに寝ちゃうんで…」と、今度は顔が暗くなった。

生徒：それでナルコレプシーって知ったんだね。

先生：そのときに本人の口から病名を聞いて、病院からは付き添いがいないと外出できないということも話してくれたんだ。1人では外を歩けないなんて大変な生活だったと思う。でも、そのあと彼はすごく頑張って、大学も卒業したし就職もしたんだ。続きは次号で話すね。

中学生でもわかる

高校数学のススメ

高校数学では、早く答えを出すことよりもきちんと答えを出すこと、つまり答えそのものだけでなく、答えを導くまでの過程も重視します。なぜなら、それが記号論理学である数学の本質だからです。さあ、高校数学の世界をひと足先に体験してみましょう！

written by
湯浅 弘一
ゆあさ・ひろかず／湘南工科大学特任教授・
湘南工科大学附属高等学校教育顧問

Lecture! 約数の個数とその総和

例題　36の約数の個数と総和を求めなさい。

（解答1） 1つひとつ書き出す
36の約数をすべて列挙すると
{ 1、2、3、4、6、9、12、18、36 } の9個
この総和は1+2+3+4+6+9+12+18+36=91
（解答2） 素因数分解する
$36=2^2\times3^2$であることから、36は1、2^1、2^2や1、3^1、3^2で割ることができます。
したがって、約数はその積になるので、
一覧にすると以下の通りになります。

積	$1=2^0$	2^1	2^2
$1=3^0$	**1**	**2**	**4**
3^1	**3**	**6**	**12**
3^2	**9**	**18**	**36**

数字が太字の部分が約数のすべてであるから、3×3=9個になります。
そして、約数の総和は式の展開を利用して
$(1+2^1+2^2)(1+3^1+3^2)=7\times13=91$と求まります。
答え　約数の個数9個　約数の総和91

今回学習してほしいこと

例えば、素数a,bを用いてある自然数$N=a^p\times b^q$が表されるとき、
約数の個数は、$(p+1)(q+1)$個
約数の和は$(1+a+a^2+\cdot\cdot\cdot+a^p)(1+b+b^2+\cdot\cdot\cdot+b^q)$と求まります。

さあ、早速練習です！　左ページに上級、中級、初級と3つのレベルの類題を出題していますので、チャレンジしてみてください。

練習問題

上級

以下の[　]に最もふさわしい数を求めなさい。
自然数nは、1とn以外にちょうど4個の約数を持つとする。
このような自然数nのなかで、
最小の数は[　ク　]であり、最小の奇数は[　ケ　]である。

(2021年慶應義塾大学看護医療学部入試問題)

中級

2021の約数の総和と
2027の約数の総和はどちらが大きいですか。

初級

1000の約数の個数とその総和を求めなさい。

解答・解説は次のページへ！

解答・解説

上級

１つひとつ書き出せばできますが……さすがに大変ですよね。素因数分解する方法で考えてみましょう。

自然数nが、１とn以外にちょうど４個の約数を持つということは、自然数nの約数は６個であることがわかります。ということは自然数nを素因数分解すると、素数a、b、cなどを用いて

（１）$n=a^5$

（２）$n=b^1\times c^2$

のどちらかで表すことができます。

なぜなら、約数の個数の公式を思い出すと5＋１＝６または(1+1)×(2+1)=6、この２通りしかないからです。

この5+1=6個で表すことのできる数が（１）の$n=a^5$

(1+1)×(2+1)=6で表すことのできる数が（２）の$n=b^1\times c^2$です。

（１）のタイプのとき、最小のnは最小の素数２を用いて$n=2^5=32$

（２）のタイプのとき、最小のnは小さい素数から２と３を用いて$n=3^1\times 2^2=12$です。ここで２と３を逆にすると$n=2^1\times 3^2=18$になり最小にはなりません。かける数が小さい方が数としては小さいからです。

したがって、最小の数は**12**

最小の奇数は同じように考えて

（１）のタイプのとき最小の数は最小の素数であり奇数の３を用いて$n=3^5=243$となります。

（２）のタイプのとき最小の数は小さい素数であり奇数から３と５を用いて$n=5^1\times 3^2=$**45**です。

したがって、求める最小の奇数は45です。

答え　（ク）12　（ケ）45

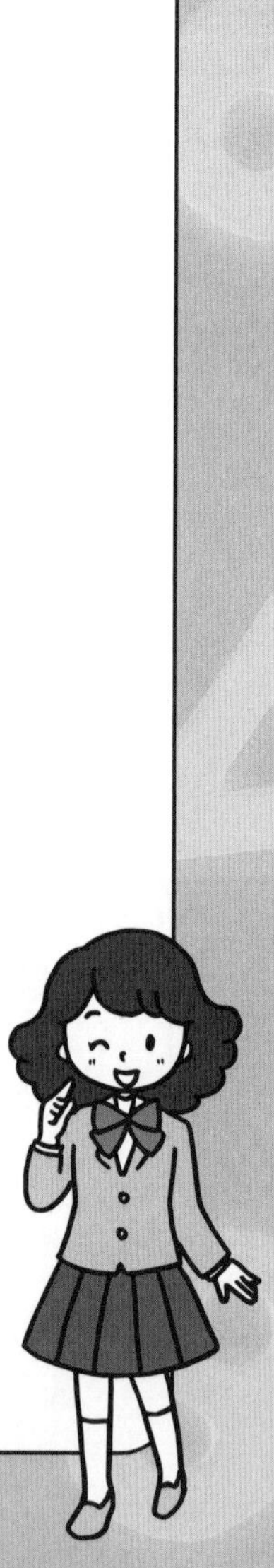

中級

こちらももちろん１つひとつ書き出して求めるのもアリですが、ここでは式で解決します。
まず、2021を素因数分解すると
$2021=43^1\times47^1$と表すことができます。
これは意外にやったことがないと難しいですね。
というわけで……、
2021の約数の個数は$(1+1)(1+1)=4$個
2021の約数の総和は$(1+43)(1+47)=44\times48=2112$
同様に2027を素因数分解すると2027=2027なのです。つまり、2027は素数です。そこに注意すると、この約数は書き出した方がわかりやすいですね。
2027の約数は１と2027の２個
2027の約数の総和は$1+2027=2028$
ですから、**2021の約数の総和の方が大きい**です。

答え　2021の方が大きい

初級

同じく書き出して約数を数えても正解ですが、かなりたくさんありますので、式で求めていきます。
$1000=2^3\times5^3$ですから
約数の個数は$(3+1)(3+1)=$**16個**
約数の総和は$(1+2+2^2+2^3)(1+5+5^2+5^3)=15\times156=$**2340**

答え　約数の個数16個　約数の総和2340

Success Book Review

こんなすごい日本人がいた!
アフガニスタンの砂漠の村を緑に変えた医師・中村哲さん

今月の1冊

『カカ・ムラド～ナカムラのおじさん』

原作／ガフワラ
訳・文／さだまさし・他
刊行／双葉社
価格／1650円（税込）

表紙の中央で子どもを抱いているのが、この本の主人公、カカ・ムラド、中村哲《てつ》さんだ。カカ・ムラドとはアフガニスタンの言葉で「ナカムラのおじさん」。親しみを込めてこう呼ばれた中村さんは、37歳からパキスタンとアフガニスタンで病気や水不足に苦しむ人々を救い続けた医師だ。

アフガニスタンに小さな診療所を開いた中村さんは、子どもたちを苦しめる病気の原因に気づく。それは「水」。高山の雪解け水は清潔なのに下流になるにつれ生活用水や汚水がまざり、それが飲料水にもなっていたのだ。

中村さんは勉強して、アフガニスタン国内に井戸を何本も掘ったが、井戸も干ばつになればすべて枯れてしまう。

やがて中村さんは高地から水を引くことを決意する。水を引くにはどうするか、ゼロから学び進めながらの挑戦だった。毎日毎日真剣に取り組む中村さんを「信じてみよう」と考える若者たちが徐々に増えて手伝い始める。日本から支援の重機も届き、作業は次第に形を成して「工事」といえるようになっていく。

それから7年、ついについに清潔な水がみんなの村に届いた。この本には、かつて「死の谷」と呼ばれた砂漠が、周囲を用水路に囲まれた大きな畑と緑の地に変わった姿の写真が掲載されている。まさに信じられない光景。

かつて汚れた水に苦しんだ子どもたちはそこにはもういない。中村さんの挑戦が実を結んだのだ。中村さんはまだ不十分と、用水路をさらに延ばす工事を続ける。しかし、いまだに治安が整わないアフガニスタンは、中村さんをさえ例外とはしなかった。2019年12月、水路建設の仕事に向かう中村さんを襲った銃弾は容赦なくその身体を貫き、人々の願いもむなしく、命を奪ってしまう。享年73歳。

アフガニスタンの人々の心には、中村さんの笑顔とその業績が深く刻まれている。遺志を継いで水路の建設はいまも日々続けられ、人々の命につながる緑の大地が少しずつ少しずつ広がり続けている。

中村さんはこの国の人々の心のなかに生き続けている。

サクセス映画館

思わずおなかが鳴る映画

今日も嫌がらせ弁当

2019年／日本
監督：塚本連平

DVD発売中
4,180円（税込）
発売・販売元：ポニーキャニオン
©2019「今日も嫌がらせ弁当」製作委員会
Blu-ray（5,120円）も発売中

嫌がらせは愛情の裏返し！

反抗期ゆえに悪態をつき、口を利こうともしない高校生の娘・双葉を持つ母・かおり。なんとか態度を改善させたいとかおりが思いついたのは、双葉が毎日持っていく弁当をキャラ弁にすること。双葉はかわいらしいものが苦手なので、いい「嫌がらせ」になると考えたのです。

嫌がりつつも毎日残さず弁当を食べる双葉。キャラ弁を作り続けるかおり。それでも一向に改善する兆しのない２人の関係。しかし、高校卒業を前に転機がやってきて……。

本気でぶつかりあうのは、親子だからこそ。「嫌がらせ」といいつつも、朝も暗いうちから起きて、娘のために丁寧に作り上げるキャラ弁は、愛情そのものです。こんな弁当を３年間食べられたら幸せに違いありません。人気のブログを映画化した、実話に基づく物語です。

くもりときどきミートボール

2009年／アメリカ
監督：フィル・ロード、クリストファー・ミラー

Blu-ray発売中
2,619円（税込）
発売・販売元：ソニー・ピクチャーズ エンタテインメント
デジタル配信中、DVD発売中

空から食べものが降ってくる!?

偉大な発明家になることを夢見て日々発明に励むものの、なかなか思うような成果を出せずにいる少年・フリント。新たに作った「水を好きな食べものに変えられるマシン」も、街の人々にお披露目する際、空の彼方へと飛んでいってしまい、またもや失敗かと落胆しかけます。

ところが、じつは発明は成功しており、雨の代わりに空からチーズバーガーが降ってきたのです。それからというもの、ステーキ、アイス、ゼリーなど、コンピューターに好きな食べものを入力すると、それらが空から降ってくるようになり、街の人々も大喜び。ただ、マシンの様子がなにやらおかしいようで……？

夢を追うことのすばらしさを伝える一方で、環境破壊や食料廃棄など、様々な問題についても考えさせられる映画になっています。

南極料理人

2009年／日本
監督：沖田修一

Blu-ray発売中
4,180円（税込）
販売元：バンダイナムコアーツ
©2009『南極料理人』製作委員会
DVD（4,180円）も発売中

南極でめしあがれ

南極。それは－54度、極夜の時季には太陽がまったく顔を出さない真っ暗闇の世界。そんな南極で、14カ月におよぶ過酷な任務を遂行する７人の観測隊員たちの「食事」を、主人公・西村が料理人としてサポートしていく様子が描かれています。

ときには伊勢海老のエビフライを、ときには隊員たちが熱望したラーメンを。極限の精神状態のなかで、西村の提供する食事がどれほど隊員たちの支えとなったことでしょう。極寒の吹雪の様子から一転、温かな食卓のシーンに心が和み、食べることは生きる喜びであり、生きる力になることが改めて感じられます。

そして、南極ならではの珍事件が巻き起こると、思わず吹き出してしまいそうにもなります。料理が好きな人はもちろん、南極での生活に興味がある人にもおすすめです。

2月号の答えと解説

解答　臨機応変

解説

①～⑯の熟語は下の通りで、リストには「応」「機」「変」「臨」の４つの漢字が残ります。

①　正義感	②　違和感	③　危機感	④　恐怖感
⑤　罪悪感	⑥　孤独感	⑦　優越感	⑧　劣等感
⑨　挫折感	⑩　連帯感	⑪　解放感	⑫　倦怠感
⑬　使命感	⑭　遠近感	⑮　臨場感	⑯　達成感

「臨機応変」は、「その場の情勢や状況の変化に応じて適切な手段をとる」という意味です。同じような意味の言葉に「当意即妙」、反対の意味の言葉に「杓子定規」があります。

問題にある三文字熟語のなかでは、⑦の「優越感」の対義語は⑧の「劣等感」ですが、単に「優越」の対義語は、「劣後」「低劣」「遜色」などです。ただし、「遜色」は、「遜色ない」（＝ほかと比べて見劣りしない）と使うのが普通です。また、「劣等」の対義語は「優等」や「優秀」ですね。

⑨の「挫折感」の「挫」の訓読みは「くじく・くじける」で、勢いを断って弱らせる、また、勢いがそがれることを表します。また、「挫折感」の対義語は、⑯の「達成感」になります。

今月のプレゼント！

スリムで持ち歩きやすいコンパス

4名さまに

今回は、2019年にキッズデザイン賞（※）を受賞したスタイリッシュなコンパス、「ペンパス」（レイメイ藤井）をご紹介します。

ペンパスの最大の特徴は、ペンタイプのコンパスでかさばらず、筆箱に収まるので持ち歩きに便利なこと。市販の0.5㎜シャープ芯が使用できる「シャープタイプ」と本体に替芯ケースを内蔵した「芯タイプ」の２種類があり、書き味の好みによって選ぶことができます。どちらも支点となる針が黒いため見やすく、クリップつきの透明キャップで芯先や針先を保護できて安全です。

今回は「シャープタイプ」を計４名さまにプレゼントします。カラーはおまかせで、届いてからのお楽しみです。

※子どもや子育てに関わる社会課題解決に取り組む優れた作品を顕彰するもの

今月号の問題

論理パズル

A～Eの５人が、１回ごとに１位から５位までの順位がつくゲームをしました。５人は同じゲームを３回行い、各回とも１位は10点、２位は８点、３位は６点、４位は４点、５位は２点を獲得し、その合計得点を競いました。ただし、各回で同じ順位の人はいませんでした。

５人はゲームの結果について、以下のような発言をしています。
A「１回目は３位でしたが、合計得点では私がトップになりました。」
B「２回目は３位でしたが、合計得点でAと12点の差がつきました。」
C「３回の順位はすべて異なっていて、１回目が最もよく、２回目が最も悪かったです。」
D「３回の順位はすべて異なっていて、１回目が最もよく、３回目が最も悪かったです。」
E「３回の順位はすべて異なっていて、３回目が最もよく、２回目が最も悪かったです。」

このとき、３回目のBとDの順位について正しく述べているのは、次のア～エのうち、どれでしょうか？
ア　Bは2位で、Dは5位である。
イ　Bは3位で、Dは4位である。
ウ　Bは4位で、Dは5位である。
エ　Bは5位で、Dは4位である。

応募方法

下のQRコードまたは104ページからご応募ください。
◎正解者のなかから抽選で右の「**ペンパス**」をプレゼントいたします。
◎当選者の発表は本誌2021年10月号誌上の予定です。
◎**応募締切日 2021年６月15日**

２月号パズル当選者（全応募者28名）

塚川　真有さん（中１・埼玉県）
中田　拓未さん（中２・神奈川県）
早田　唯斗さん（中１・東京都）
宮田　一寿さん（中２・神奈川県）
山崎　七海さん（中３・東京都）

読者が作る おたよりの森

テーマ
不思議な偶然エピソード

この前買いものに行ったとき会計が**777**円になって、次の日の買いものではおつりが**777**円になりました。なにかいいことあるかな？
（中２・ラッキーセブンさん）

入学式の日に**偶然目があって**仲良くなれるかもと思った子といまでは親友です。あとで聞いたら、親友も同じことを感じたらしい。これって偶然じゃなくて運命ですかね!?
（中３・運命を信じる！　さん）

うちで飼っているネコが出窓から離れない日の夜は、**星がきれいに見える**ことが多いです。どうしてなのかは、わからないですけど。
（中２・マルモロさん）

テスト返しの前日に**65点取った夢**を見てしまって、さすがにそれはないだろうと思ったが、現実になってしまった（泣）。
（中２・酸素原子さん）

なぜか担任の先生とよく**夕飯のメニュー**が重なります。この前はキムチ鍋が重なりました。
（中１・辛党さん）

夜、寝ようと思い部屋に向かうとぬいぐるみの頭にライトの影が映り、**帽子をかぶっているように**見えたこと！
（中１・りんごさん）

テーマ
好きなアニメ

「はたらく細胞!!」です。白血球や赤血球を擬人化しているのがおもしろいし、細胞の働きも勉強できるので一石二鳥のアニメです。
（中２・生物部員さん）

妹といっしょに毎週見ている**「サザエさん」**。なんだか見ていると気持ちがほわっとします。
（中１・うちにいるのはトラさん）

「僕のヒーローアカデミア」は登場人物たちが色々な悩みを抱えながら頑張る話でとても感動します。
（中２・Plus Ultraさん）

「PUI PUI モルカー」に出てくるモルカーたちが最近の癒しです。
（中１・アビーさん）

小さいころから**「ポケットモンスター」**が大好き！　映画もゲームも欠かさずチェックしています。
（中１・ポケモンマスターさん）

アニメを見ながら科学について学べる**「Dr.STONE」**にハマってます。
（中３・犬鬼灯さん）

テーマ
会ってみたい偉人

モーツァルトに会って、本人に演奏の指導をしてもらいたい！　どんな気持ちを込めて演奏したらいいのか、実際に聞いてみたいから。
（中２・でもバッハ派さん）

新しい時代を切り開いた**坂本龍馬**に会ってみたい。そして「△△ぜよ！」って言ってほしい。
（中１・K.K.さん）

フィンセント・ファン・ゴッホ本人に、絵がいまでは高い評価を得ていることを伝えたらどんなリアクションをするのか知りたい。
（中３・ひまわりさん）

ガンジーのように強い芯を持って受験に立ち向かいたいので、ガンジーに会ってみたい。
（中３・メガネっ子さん）

女性で武将だった**巴《ともえ》御《ご》前《ぜん》**に会いたいです。きれいで強い女性って憧れます！
（中２・しらびさん）

必須記入事項

名前／ペンネーム／学年／郵便番号／住所／本誌をお読みになっての感想／投稿テーマ／投稿内容

右のQRコードからケータイ・スマホでどしどしお寄せください！
住所・氏名は正しく記入してください

Present!! 掲載された方には抽選で３名に**図書カード**をお届けします！
（500円相当）

募集中のテーマ

夏休みの目標
未来に残したいもの
テストでしちゃったミス

応募〆切2021年6月15日

ここから応募してね！

ケータイ・スマホから
上のQRコードを
読み取って応募してください。

掲載にあたり一部文章を整理することもございます。個人情報については、図書カードのお届けにのみ使用し、その他の目的では使用いたしません。

夢が広がる高校選びの情報満載！

Success15

6月号

表紙：慶應義塾志木高等学校

FROM EDITORS 編集室から

今号の特集では、株式会社三省堂・辞書出版部のみなさんにお話を伺い、国語辞書について詳しくご紹介しています。私たちも『サクセス15』が「読みやすく」「わかりやすく」なるように工夫を重ねているつもりですが、1000ページを超える辞書を作る方々のこだわりは、並大抵のものではないと感じました。知らない単語を調べるときだけ辞書を使う、という方も多いかもしれませんが、これを機にぜひ様々な使い方をしてみてくださいね。

さて、新型コロナウイルスの感染拡大が続いています。読者のみなさんも感染対策は行っていると思いますが、これから一段と暑くなっていくでしょうから、体調にはくれぐれも気をつけて過ごしましょう。　(M)

Next Issue　8月号

Special

どう学校を知る？ コロナ禍の学校説明会

都市で進む 緑化計画

Special School Selection

公立高校WATCHING

突撃スクールレポート

研究室にズームイン

※特集内容および掲載校は変更されることがあります。

Information

『サクセス15』は全国の書店にてお買い求めいただけますが、万が一、書店店頭に見当たらない場合は、書店にてご注文いただくか、弊社販売部、もしくはホームページ（104ページ下記参照）よりご注文ください。送料弊社負担にてお送りします。定期購読をご希望いただく場合も、上記と同様の方法でご連絡ください。

Opinion, Impression & ETC

本誌をお読みになられてのご感想・ご意見・ご提言などがありましたら、104ページ下記のあて先より、ぜひ当編集室までお声をお寄せください。また、「こんな記事が読みたい」というご要望や、「こういうときはどうしたらいいの」といったご質問などもお待ちしております。今後の参考にさせていただきますので、よろしくお願いいたします。

サクセス編集室 お問い合わせ先

TEL : 03-5939-7928　FAX : 03-3253-5945

今後の発行予定

7月15日 8月号	10月15日 秋・増刊号
8月16日 夏・増刊号	11月15日 12月号
9月15日 10月号	2022年1月15日 2022年2月号

FAX送信用紙

※封書での郵送時にもコピーしてご使用ください。

101ページ「論理パズル」の答え

氏名

学年

住所（〒　　　－　　　）

電話番号

（　　　　　）

現在、塾に

通っている　・　通っていない

通っている場合

塾名

（校舎名　　　　　）

面白かった記事には○を、つまらなかった記事には×をそれぞれ３つずつ（　）内にご記入ください。

（　）05 言葉を考える　言葉で考える 時代に合わせて変化する「辞書」
（　）12 Special School Selection 慶應義塾志木高等学校
（　）18 公立高校WATCHING 神奈川県立川和高等学校
（　）22 ワクワクドキドキ　熱中部活動 日本大学豊山女子高等学校 体操部・トランポリン
（　）26 頑張れ受験生 挑戦のときがきた
（　）30 来年度高校入試はどうなる？ 君が進むべきこの１年とは
（　）34 受験生のための明日へのトビラ
（　）36 突撃スクールレポート 東洋大学京北高等学校
（　）38 スクペディア 上野学園高等学校
（　）39 スクペディア 順天高等学校
（　）40 スクペディア 麴町学園女子高等学校
（　）41 スクペディア 二松学舎大学附属柏高等学校
（　）42 高校教育新潮流　NEW WAVE
（　）45 2021年度首都圏公立高校入試結果
（　）52 高校受験質問箱
（　）54 レッツトライ！　入試問題
（　）56 帰国生が活躍する学校 広尾学園高等学校
（　）58 中学生の未来のために！ 大学入試ここがポイント
（　）60 東大入試突破への現代文の習慣
（　）67 研究室にズームイン 国立天文台　大内正己先生
（　）74 こちら東大はろくま情報局
（　）76 キャンパスデイズ十人十色
（　）80 ちょっと得する 読むサプリメント
（　）82 マナビー先生の最先端科学ナビ
（　）84 なぜなに科学実験室
（　）88 中学生のための経済学
（　）89 ピックアップニュース！
（　）90 思わずだれかに話したくなる 名字の豆知識
（　）92 ミステリーハンターQの タイムスリップ歴史塾
（　）93 サクセス印のなるほどコラム
（　）94 中学生でもわかる 高校数学のススメ
（　）98 Success Book Review
（　）99 サクセス映画館
（　）100 解いてすっきり パズルでひといき
（　）102 読者が作る　おたよりの森

FAX.03-3253-5945

FAX番号をお間違えのないようお確かめください

サクセス15の感想

高校受験ガイドブック2021 6 Success15

発　行：2021年５月17日 初版第一刷発行
発行所：株式会社グローバル教育出版　〒101-0047 東京都千代田区内神田2-5-2 信交会ビル3F
TEL：03-3253-5944
FAX：03-3253-5945
HP：http://success.waseda-ac.net/
e-mail：success15@g-ap.com

郵便振替口座番号：00130-3-779535
編　集：サクセス編集室
編集協力：株式会社 早稲田アカデミー

【個人情報利用目的】ご記入いただいた個人情報は、プレゼントの発送およびアンケート調査の結果集計に利用させていただきます。

9784865122176
1926037008002
ISBN978-4-86512-217-6
C6037 ¥800E
定価880円（10%税込）
グローバル教育出版

本気でやる子を育てる

早稲田アカデミーが創業以来大切にしている教育理念です。

子どもたちは、その人生のなかで、乗り越えなければならない高い壁に何度も遭遇します。

ときには、悩んだり苦しんだりすることもあるでしょう。

しかし、夢をかなえるためには、下を向いて立ち止まってはいられないのです。

日々ひたむきに努力し、一歩ずつ前に進んでいかなければなりません。

その努力の過程で人は成長し、自分の力で壁を乗り越えたときに得られる自信と感動は、

大きな夢に挑むための原動力となるのです。

定めた目標に向けて努力し、達成する経験を通して、

力で未来を切り拓く人に成長できるよう、全力で応援します。

早稲田アカデミー